JN439986

식 품 산 업 과
가 치 창 조

| 머리말 |

사람이라면 누구나 어릴 때부터 먹거리와 항상 가까이 하며 살아가지만, 특히 나는 이러한 먹거리를 대학교 때 학문으로 접하게 되면서 지금까지 줄곧 식품이라는 학문 발전과 식품연구개발에 열정을 바쳐 일해 왔으며, 우리나라 식품산업 발전에 나름대로 기여를 했다고 자부하고 있다.

2000년 이후부터 본격적으로 내가 근무하는 한국식품연구원에서 우리나라 식품산업에 어떻게 하면 좀 더 많이 기여할 것인가에 대한 고민을 해왔다.

2000년 당시 농림부에서는 우리나라 식품의 세계화를 목표로 '명품화 사업'이 추진 중이었고 나는 사업추진의 일환으로 중소기업 식품산업 현장을 접하게 되었다. 그 때 내가 제안한 연구개발 사업에 대기업의 참여를 이끌어내기 위해서 나는 모 대기업과 지속적으로 접촉하고 이야기를 나눴지만 실패하였다. 결국 어느 중소기업만이 참여하여 사업을 시작하였는데 식품연구개발이 성공적으로 마무리 되면서 대량생산 시설도 갖추게 되었다. 그리고 그 개발제품을 들고 해외식품박람회에 참석하여 많은 해외바이어들과 상담하면서 수출실적도 올리게 되어 어느 정도 우리식품을 세계에 알리는 데 성공하였다. 우리가 어느 정도 성공을 거두고 시장개척에 열을 올리고 있을 때, 사업초기에 부정적이었던 대기업은 같은 제품을 생산하기 위해 대규모로 공장을 짓고 대대적인 홍보를 하여 지금도 제품을 생산하여 시장에 내놓고 있다. 결국 대기업과 경쟁하는 순간부터, 사업에 참여하였던 중소기업은 힘든 길을 걷게 된다. 이 책에는 왜 대기업이 중소기업의 아이디어만 빼앗아 나중에 후발로 뛰어들었는지에 대한 이유가 담겨져 있다. 그리고 중소기업과 함께 개발제품을 가지고 해외박람회를 다녀보면서 해외 바이어들이 요구하는 것이 무엇인지, 마케팅전략에 무엇이 필요한지를 알게 되었다. 해외바이어들은 우리가 잘 만든 시제품과 특허권에 관심이 없었다. 이를 보고 당시 나는 얼마나 당황하였는지 모른다. 해외바이어들이 원하는 것이 따로 있었다. 그것이 무엇인지 이 책에 기록하였다.

또한 우리연구원이 개발한 제품을 기술이전 받은 협동조합이 시장에서 호평 받으며 생산시설을 확장하였지만 얼마가지 못해 부도를 맞고 파산하는 것을 목격하였다. 이 사건은 평생 식품연구를 해온 나에게는 커다란 충격이 되었다. 정부출연 연구기관에 근무하고 있는 나는 과연 제대로 역할을 하고 있는가? 제품을 만들고 생산하는 연구가 과연 식품연구정책에 맞는가? 정부출연연구기관인 한국식품연구원은 무엇을 해야 하는가? 이러한 의문점에 대한 답을 얻으려고 많은 노력을 하였다.

이러한 문제에 대하여 나름대로의 정확한 해답을 얻으려고 우리나라 굴지의 식품 대기업 CEO와 직접 만나 토론하면서 식품산업의 특성과 식품산업발전에 정부의 역할, 대기업의 역할에 대해서 집중적으로 이야기하게 되었다. 또한 우리나라 중소기업 대표 200여명을 만나면서 중소기업의 어려움과 정부 정책의 문제점 국가 R&D 사업에 대한 요구사항을 듣고 출연연구원이 무엇을 해야 할지를 어렴풋이 알게 되었다. 아울러 네슬레 등 세계 굴지의 식품기업이 무엇을 지향하는 지, 세계적인 인삼가공품회사가 된 '파마톤사'는 '진세나'를 어떻게 글로벌 시장에 론칭하였는지 등에 대한 많은 자료를 수집 분석하고 토론하였다. 이 때 대기업 CEO를 통해서 알게 된 사실은 다소 생소하지만 이 책에서 기술한 전유성(appropriability)이란 단어이고 글로벌 기업으로 얻은 키워드는 가치창조(shared value creation)였다. 이를 통해서 중소기업에게 필요한 것이 무엇인지 출연연의 역할이 무엇인지 확실하게 알게 되었다.

나는 이러한 문제들을 분석한 자료를 《식품외식경제》에 칼럼으로 연재하기 시작하였고 이번에 이를 중심으로 책을 낼 수 있게 된 것을 무한한 영광이라 생각한다. 원고를 정리하던 몇 개월 전 나는 가슴 아픈 소식을 접하게 되었다. 우리연구원에서 기업에게 기술을 이전받아 제품(기술적으로 완벽한 제품임을 강조)을 생산하던 업체가 부도를 맞았다는 것이다. 제품이 생산되던 초기에는 시장의 반응이 좋아서 해외수출도 되고 한때 잘나가던 기업인데 부도를 맞아 회사의 폐업과 CEO 개인 재산을 모조리 날렸다는 소식이다. 이 책을 서둘러서 출판하게 된 직접적인 동기가 바로 이 중소기업의 파산이며 앞으로도 이와 같은 사례가 당분간 지속될 수 있다는 위기감과 이러한 비극을 방지하고 또한 발전적인 방향으로 전환 할 수 있는 정부정책과 출연연의 역할에 대한 필자가 가지고 있는 해답을 공유하고 싶은 마음 때문이다.

그 해답의 요지는 이제 제품개발과 생산에 집중되는 R&D를 중지하고 기업이 원하는 R&D, 식품의 브랜드화를 위한 연구, 가치사슬에 필요한 연구를 해야 한다.

지금시대는 아무리 작은 중소기업이라도 개발기술이나 생산능력은 크게 문제가 되지 않는다. 2015년을 향해 가는 시점에서 1970~80년대 전략은 더 이상 통하지 않는 것이다.

이 책에 수록된 내용은 내 개인의 이야기가 아니라 식품산업 현장의 이야기이다. 기업, 정책 책임자, 연구자가 참고하여 부디 우리나라 식품산업이 글로벌 경쟁 속에서 지속가능한 성장산업으로 발전하기를 기대해 본다.

끝으로 이러한 생각을 책으로 내도록 배려해주시고 편집에 대해서 아낌없이 조언해 주신 맑은샘 김양수 대표님께 깊은 감사를 드린다.

2013년 7월

권대영

| 추천사 |

권대영 박사와 나와의 인연은 18대 국회에서 본인이 대표를 맡아 구성된 국회연구단체 「미래성장동력위원회」에서 시작 되었다. 본인이 위원장으로 8개의 미래신성장 상임 위원회가 있었는 데, 권박사는 식품산업분과 분과위원장으로 처음 인연을 맺게 된 것이다.

나는 평소 국내시장 규모 150조를 상회하고 있고 총 규모 4조 달러 이상으로 추산 되는 세계 식품산업이 거대시장을 이루는 신성장 산업으로 우리가 관심을 가져야 함을 역설해 왔고 특히 고용유발 및 부가가치 창출효과에서도 우리가 자랑하는 자동차 산업과 반도체 휴대폰시장을 뛰어 넘는 거대 산업 영역임을 주장해 왔다. 나는 세계 1위 식품 기업인 네슬레의 연간 총매출액이 한국이 자랑하는 삼성전자와 현대자동차, LG의 총매출액을 합한 것보다 높은 산업임을 눈여겨 보고 식품산업을 우리가 새로운 도전영역으로 삼아 혼과 열을 쏟아야 함을 권박사와 함께 주시하고 있었다. 이러한 중요성 때문에 나는 식품산업이 미래성장동력 산업이 될 것이 분명할 것으로 확신하고 18대 국회 「미래성장동력위원회」에 식품분과위원회를 설치한 것이고 권박사는 기꺼이 이뜻에 동참해 주셨다.

권박사와의 만남을 갖을 기회는 그리 많지 않았지만 그와의 만남을 통하여 느낀 것은 나는 이분이 어느 누구보다도 식품산업을 사랑하고 현장, 특히 중소기업을 중요시하는 분이며 또한 글로벌 경제 속에 식품산업을 발전시킬 방안을 정확히 꿰고 있으며, 이를 해결하기 위한 발전방향에 대하여 분명한 철학과 방법을 알고 있는 분이라 느꼈다.

이 책《식품산업과 가치창조》는 평소 그의 식품산업 발전 철학과 중소기업의 눈물을 이해하는 한사람이 자기의 경험을 토대로 우리나라 식품산업이 미래성장동력 산업으로의 성장 방안과 이를 위해 어떤 문제점을 해결하고 정책을 만들어야 하는 방법에 대하여 그의 많은 생각과 고민들을 하나하나 정리하여 식품전문지에 연재한 것으로 식품산업에 관한 그의 땀과 노력의 발자취를 책으로 발간한 것이다. 가슴으로 기쁨과 함께 축하를 드린다.

식품산업에 관심이 많거나 식품산업발전에 고민을 많이 하는 정책자들은 이 책을 꼭 한번 읽어 볼 필요가 있을 것이다. 그가 무엇을 느끼고, 무엇을 고민하고, 어떻게 해야 할 것인지에 대하여 고민한 것을 이해한다면 식품산업 발전 정책수립에 조금이라도 도움이 될 것이다. 글로벌 경쟁시대에서 때로는 새로운 패러다임의 정책이 필요하다.

식품산업에서 가치 창조의 중요성, 컨텐츠의 중요성, 그리고 식품산업을 다차융합산업으로 발전시켜야 한다는 그의 철학은 박근혜 정부의 창조경제와 궤도를 같이 한다고 볼 수 있다. 권박사는 식품산업은 제품개발과 생산경제에서 벗어나 창조경제의 핵심산업으로 발전시켜야 한다는 것을 이미 간파하고 있음을 이 책에서 보여주고 있다. 소비자의 선택이 중요시되는 가치 사슬에서 소비자가 원하는 가치 창조는 창조경제의 핵심이다.

다시한번 권대영박사의 《식품산업과 가치창조》 출판을 축하하며, 앞으로도 우리나라 식품산업이 글로벌 경쟁력이 있는 지속가능한 성장산업으로 발전하도록 많은 노력을 기울여 줄 것을 믿는다.

2013년 7월

이종혁(18대 국회의원)

| 차례 |

머리말 03

추천사 08

Chapter 1 식품이란

식품에서 영양이냐 기능이냐? 16

식품을 약품으로 착각하는 사람이 너무 많다 20

식품에 대한 나쁜 편견을 버려라 24

간과 소금 그리고 건강 28

또 중심을 잃어버린 식약청 32

파마톤과 인삼 종주국 36

식품소비자의 특이성과 맞춤식품 40

Chapter 2 식품산업 특성

특허와 전유성 46

공유적 가치냐 독점적 이익이냐? 50

차세대 식품의 허황(虛荒) 54

샘플과 포트폴리오 58

식품산업의 패러다임이 바뀐다 62

전환기에 선 식품산업: 미래식품산업 67

Chapter 3 전통과 식품 그리고 문화

청국장의 비밀 76
농경문화와 식품 80
한국인의 밥상 84
나가는 식문화 88
비빔밥과 골동반(骨董飯) 92
우리말과 우리 식문화 96
식품산업에서 콘텐츠의 중요성 100
미국과 식품 발달사 104

Chapter 4 식품에서 잘못 알려진 오류들

비빔밥·김치의 한자표기 유래와 그 오류들 110
고추 일본에서 오지 않았다 114
갈릴레오 갈릴레이와 고추 117
잘못 알려진 남원산성 노랫말 122
고추독살(초)설은 사실인가? 127
식문화와 과학 132

Chapter 5 **식품산업 정책**

중소기업 지원 R&D 정책이 필요하다 138

남자한테 참 좋은데 142

식품산업과 창조경제 146

식품, 산업을 바라보자 150

식품산업의 서비스화 154

새정부의 식품산업 정책 158

이제는 식품산업진흥협회가 필요하다 162

식품산업을 중소기업 업종 지정만으로 안된다 166

김치의 세계화를 위한 연구역할 170

국가식품클러스터 유감 174

부록 식품산업 어떻게 발전시킬 것인가? 180

Chapter 1

식품이란

식품에서 영양이냐 기능이냐?

1969년 7월 20일 미국의 닐 암스트롱이 아폴로 11호를 타고 달의 고요의 바다에 첫발을 내딛을 때 쯤, 많은 세계인들은 인류에 새로운 역사가 시작되었다고 흥분하였고, 20세기가 끝날 즈음 달나라 여행이 가능할 것으로 미래를 예측하였다. 그러나 그 예측은 빗나갔다. 1970년대 미래에 대해 빗나간 예측은 몇 가지 더 있다. 하나는 1970년대에 뉴욕과 프랑스를 2시간 만에 주파하는 콩코드가 나옴으로써 2000년대에는 전 세계 어디든 2시간대 내에 도착이 가능하리라는 것과 1960년대 후반에 선진국에서 비타민제가 보편화되기 시작하고 맥도날드 햄버거가 세계시장을 파고든 이후, 2000년대에는 우리가 먹는 음식이 없어지고 캡슐이 밥을 대신할 것이라고 예측하였다. 그러나 이 예측들은 모두 빗나갔다. 그 이유는 여러 가지가 있겠지만 그 중 식품에 대한 잘못된 예측은 식품의 특성을 이해하지 못한 탓에 기인한다. 식품을 단순히 영양(칼로리)을 얻는 수단으로만 파악하여 산업화 시대에는 식사 시간을 줄이고, 먹는 방법도 편리하게 하는 것이 경쟁에서 살아남는 길로 단순하게 생각한 데서 오는 잘못된 예측이다. 아마 당시 우리나라 사람들은 음식을 만들 때 드는 시간과 밥 먹는 시간을 줄이지 않으면 세계인들과의 경쟁에서 떨어져 선진국이 될 수 없을 것으로 생각하였을 것이다.

식품으로 단순히 칼로리만 얻는 것이 아니다. 식품의 1차 기능은 우리가 삶을 유지할 수 있도록 영양을 공급해주는 것에 있다는 것을 누구나 안다. 식품이 국민건강에 미치는 영향은 매우 크다. 그러므로 1960년대 이후 영양 공급의 정책이 중요했고, 동시에 식품에 의해 감염될 수 있는 예방 정책이 최우선 정책이었으며 이 정책들이 국민 건강에 크게 기여하였다.

영양은 식품의 매우 중요한 1차적인 기능이긴 하지만, 이제는 영양만이 최우선 과제는 아니다. 현재 우리나라는 핸드폰, TV, 자동차 산업으로 세계 시장을 주도적으로 리드해 나가고 있고, K-POP 등으로 세계의 중심을 두드리고 있다. 앞서 잘못된 예측처럼 식품은 영양의 기능만 갖고 있는 것은 아니다. 식품은 건강과 문화의 기능도 함께 가지고 있다. 세계의 경제가 발달하고 인류의 삶이 풍요로지면 질수록 사람들은 좀 더 건강한 삶과 한층 높은 삶의 질을 추구하게 된다. 이러한 세계적인 추세에서 우리나라의 식품산업이 세계의 변두리에서 세계의 중심으로 자리를 잡으려면 1960년대의 영양과 1970년대의 식품 안전 위주의 수동적 정책을 탈피하는 것이 필요하다.

우리나라 식품은 세계인들의 기대에 부응할 수 있는 건강 요소를 많이 갖고 있으며 세계인들을 흥분시킬 수 있는 문화 요소도 많이 갖고 있다. 그럼에도 불구하고 요즘에도 자꾸 영양과 안전만 강조하다보니 정작 세계인들이 요구하는 건강과 문화에 능동적으로 대처하기 어려운 경우가 많다.

식품이 단순히 영양을 안전하게 공급하는 것만으로는 세계 문화의 중심에 설 수 없다. 아마 맥도날드의 빅맥과 버거킹의 와퍼가 세계적으로 가장 안전하고도 효율적으로 영양을 공급하고 있을 것이다. 그렇다고 국민의 영양 공급이나 식품의 안전을 소홀히 하자는 것은 절대 아니다. 기본적으로 우리나라는 영양과 안전에 대하여 국민적 기대에 부응할 수 있는 능력은 갖고 있으며 이는 시스템의 문제이고, 산업체의 자세이며 국민적 인식의 문제라고 생각한다. 그러나 지금까지 우리나라는 건강과 문화에 대한 소프트웨어의 발굴, 즉 건강기능에 대한 과학적 지식이나 스토리와 문화의 발굴과 연구, 지식(가치)의 창출에는 투자를 많이 하지 않았다.

현재 우리나라는 IT 기술을 바탕으로 정보고속도로를 만들어 내는 데 많은 투자를 하였다. 그 결과 많은 정보고속도로가 건설되어 네트워크망은 잘 갖추어져 있는 데 식품의 기능, 문화 등 살아있는 정보는 많이 집적되지 못했다. 이는 식품의 지식정보 창출에 소홀하였기 때문이다. 이제 식품을 우리나라를 이끌어가는 산업으로 만들어야 한다. 자동차, 핸드폰, 한류, K-POP이 세계를 뒤흔들어도 최종적으로 식문화가 정착되지 않으면 세계 문화에서 우리 문화가 정점을 찍을 수 없다. 이제는 식품산업에서 영양요구를 벗어난 패러다임의 변화가 필요한 때이다. 생산과 공급의 하드웨어 정책이 아니라 세계인의 감성과 지식요구에 부응하는 소프트웨어 정책이 필요하다.

〈식품외식경제, 2011.07.07〉

식품을 약품으로 착각하는 사람이 너무 많다

- 식품은 약품과 다르다 -

식품의 건강에 대하여 연구하는 학자로서 제일 많이 듣는 이야기가 있다. 예를 들면, “포도주의 레스베라트롤(resveratrol)이 항암효과가 있다는 데 이런 효과를 보려면 하루에 얼마씩 몇 번 먹어야 되나요?”, “당근의 카로틴(carotene)이 당뇨에 좋다는 데, 하루에 당근을 얼마나 먹어야 되나요?”, 심지어는 “천일염이 혈압강하 효과에 좋다는 데 얼마씩 어떻게 먹어야 되나요?” 등 이러한 질문을 하는 사람이 아직도 많다.

이러한 질문을 하는 사람들은 대부분 식품과 약품을 구분하지 못하기 때문이다. 아니 식품을 약품으로 착각하는 사람들이 많기 때문이다. 조리영양하는 사람들이나 약품하는 사람들은 항상 따지는 것이 일일 섭취량(daily dosage)이다. 즉 약품과 같이 하루에 얼마나 먹어야 되는 것으로 생각한다. 따라서 혈압을 낮추려면 소금도 약품과 같이 매일 일정하게 먹어야 하는 것으로 생각한다. 과학적으로는 어떤 소금을 먹더라도 과하게 섭취하면 혈압을 올라가지 않게 할 수는 없다. 그렇게 혈압을 안올리려면 소금을 안 먹으면 된다. 그러나 소금을 안 먹고 살 수는 없다. 사람이 건강하게 살아가려면 소금이 필요하다(sodium channel, potassium channel). 또한 소금을 넣지 않고 음식 만들면 간이 안 맞아서 먹을 수 없고, 간이 맞지 않아도 소금을 적게 먹으려고 억지로 먹으면 소화가 안 되어 결국 병으로 간다. 소금을 안 먹을 수는 없으니, 기존 정제염 대신에 천일염을 먹으면 혈압도 덜 올라가고 건강도 더 좋아신다는 결과를 갖고 약이란 관념에 빠져 있는 일부사람들이 이러한 질문들은 하는 것이다.

분명히 소금은 식품이지 약품이 아니며, 영양하는 사람들이 말하는 소위 영양소도 아니다. 정제염보다 천일염을 넣으면 맛은 그대로 낼 수 있고 여러 가지 건강효과가 높기 때문에, 값이 비싸더라도 점제염 대신 천일염을 선택하는 것이지, 천일염을 따로 먹으라는 것은 아니다.

해외에서도 몇 년 전 포도주의 레스베라트롤이 항암효과가 있다는 네이처지(Nature)의 논문을 보고 많은 영양학자와 약품학자가 그러면 그 효과를 보려면 하루에 포도주를 얼마나 먹어야 되느냐? 고 질문한 적이 있다. 그 사람들의 주장대로라면 포도주를 약같이 먹으려면 하루 포도주를 20리터를 먹어야하는 데 그러면 사람이 살 수 있겠는가? 그렇게 건강을 따지자면 포도주나 어떤 술도 마시지 않은 게 차라리 낫다. 포도주에는 다른 술보다 레스베라트롤이 상대적으로 많이 들어있고, 이 레스베라트롤은 항암, 비만, 염증 등 다양한 몸에 좋은 기능이 있기 때문에 이왕 술을 마시려면 포도주를 마시는게 낫다는 것이다. 항암을 위하여 포도주를 따로 말로 먹으라는 것은 식품을 약품으로 생각하는 것 때문에 생기는 착각이다. 이러한 논문 덕택에 사람들이 이왕이면 몸에 좋다는 포도주를 더 마시게 되고 세계 술 시장에서 포도주 비중이 급격하게 커지고 있는 중이다.

똑같이 우리나라에서도 막걸리에서 항암효과가 있는 것으로

알려진 파네졸이 다른 술보다 많다고 연구결과가 보도되자 중앙지 기자와 몇몇 영양학자들이 '그런 효과를 내게 하려면 막걸리를 말로 먹어야 하는 등등' 날쌔게 비판적으로 기사를 쓰고 논쟁을 불러일으킨 적이 있었다. 식품을 약으로 생각하면 술 안 먹던 사람도 암 걸리지 않게 하기 위하여 막걸리를 말로 먹어야 하느냐고 따져야 할 것이다. 식품을 약이나 영양 성분같이 분석적인 사고로 보면 이런 결과가 무슨 소용이 있느냐?고 말할 수 있다. 분

명하게 말하자면 암에 걸리지 않으려면 막걸리를 몇통 먹는 것보다 술을 아예 마시지 않으면 될 것이다.

그리고 그 후에라도 술을 안 먹었다던 사람이 암에 안 걸리려고 막걸리를 말술로 먹었다던 소리는 들어보지 못했다. 다만 그 보도가 나간 뒤 막걸리 시장에서는 지금은 주춤하지만 매출이 월 수백억원 대 이상 늘어났고 수출도 꾸준히 늘었다는 뉴스는 들었다.

소위 약식동원(藥食同源), 식약동원(食藥同源)이라는 말을 많이들 이야기한다. 이말은 동양에서 오래전부터 병을 치료할 때 먹는 것이 매우 중요하고, 모든 약도 먹는 것으로부터 나왔다는 것이다. 그러나 이 약식동원을 '식품과 약품이 같다(藥食同一)'고 착각하고 있다. 아무리 좋은 식품도 식품을 약품같이 먹으면 반드시 독이 있을 수 있음을 알아야하고, 아무리 좋은 약도 반드시 독이 있기 때문에 식품과 같이 먹으면 안 된다는 것을 알아야 한다.

〈Food&life, 2012.09.10 세계 식품과 농수산, FAO 한국협회〉

식품에 대한 나쁜 편견을 버려라

- 식품을 약같이 먹으면 반드시 부작용이 있다 -

어느 나라든지 언론의 힘은 대단히 크다. 특히 방송은 더 위력적이라고 볼 수 있다. 방송의 위력이 큰 만큼 또한 잘못된 사실을 보도할 경우 그 책임도 크다고 볼 수 있다. 특히 식품에 관한 보도의 경우 국민의 관심이 민감해서 한번 잘못되면 그 기업은 회복 불가능한 상태까지 떨어질 수도 있다. 특히 정확한 분석보도가 어려운 방송의 특성상 그 위험성은 더 크다고 볼 수 있다.

몇 년 전 어느 모대학교 교수가 쥐에다 라면만 몇 달 동안 먹였더니 쥐가 죽었다고 발표하면서 라면이 얼마나 몸에 해로운지 부각하는 뉴스가 방송된 적이 있다. 당연히 라면 업계에서는 큰 치명타를 입었다. 더 멀리 20여년 전에는 마치 공업용으로나 먹는 우지(beef tallow)를 그대로 갖다가 라면 제조할 때 사용한 것처럼 보도되어 해당 기업이 얼마나 타격을 심하게 받았는지, 나중에 무죄판정을 받았음에도 불구하고 그 이후 시장 점유율은 거의 회복을 보이지 못하고 있다.

최근 또 다른 뉴스는 우리나라에서 전통적으로 사용되는 사골국물이 마치 소금덩어리이고 기름투성인 것처럼 방송에 보도되어 설렁탕집이나 곰탕집이 크게 타격을 입은 적이 있다. 물론 이러한 보도가 실험적 근거에 의거하지 않고 발표됐다거나 왜곡 보도됐다고 말하고 싶지는 않다. 본란에서 말하고자 하는 것은 이러한 보도는 한 쪽 측면만 보고 다른 쪽 측면을 고려하지 않고 보도되었다는 것이다. 물론 국민은 혼란에 빠지고 결과적으로 생산기업이나 식당에서는 커다란 타격을 입게 되는 것이다. 식품에는 식품의 고유의 기능과 관점이 있다. 그리고 이들이 서로 통섭적으로 작용해 하나의 기능과 문화로 형성되어 삶속에 자리잡고 있다. 그렇기 때문에 서로의 관계와 측면을 고려해야 하는 것이 식품이다. 이 모든 사건은 이러한 식품의 특성을 간과하여 선부른 보도로 인한 폐해다.

첫 번째 사건은 식품과 약품을 구별 못하고 마치 식품이 약품인 것처럼 한쪽면만 보고 발표하였기에 생긴 문제이다. 더군다나 일반 국민들은 식품과 약품을 더 구분 못할 것이다. 365일 약품같이 한 가지 음식만 먹으라 하면 그 사람은 아마 오래 가지 않아 죽고 말 것이다. 한 음식만 약과 같이 농축해서 많이 먹으면 독이 된다. 아마 그 사람은 그 음식에 독이 있어서 죽는 것이 아니라 그 음식이 질려서 안 먹어서 굶어 죽을 지도 모른다.

라면이 아니고 아마 그 비싼 쇠고기 등심만 쥐에게 먹여도 그리 오래 생존하지 못할 것이다. 이러한 관점 때문에 '라면만 먹으니 쥐가 일찍 죽었다. 그래서 라면은 유해한 식품이다'라는 식의 발표는 책임이 있는 기관이나 언론에서는 신중을 기해 발표해 야 할 것이다.

두 번째 사건은 식품의 원료측면만 지나치게 강조하여 빚어진 사건이다. 원료가 비록 위생적으로 깨끗하지 못하더라고(여기서 당시 문제가 되었던 우지가 깨끗하지 않았다는 것은 아님) 깨끗하게 처리하면 얼마든지 음식으로 먹을 수 있다는 것을 간과한 것이다. 예를 들면 복어는 치명적인 독을 갖고 있으나 잘 처리하면 얼마든지 기호, 건강식으로 팔릴 수 있다. 지나친 위생을 강조한 나머지 이러한 면을 간과하고 국민의 안전의식을 자극하고자 하면 얼마든지 큰 뉴스거리와 논란거리로 발전할 수 있다.

세 번째 사골국물 보도는 국민으로 하여금 소금을 덜 먹게 하려는 과욕이 빚은 식약청의 오만함에서 비롯된 결과이다. 물론 사골국물이 소금을 많이 포함하고 있다는 것을 부정하고 싶은 마음은 없다. 그 실험도 틀렸다고 말하고 싶지 않다. 그러나 우리가 전통적으로 먹어온 설렁탕이나 사골국으로 지어낸 밥, 육수 등이 다 이렇게 기름덩어리이고 소금투성이라는 식의 보도는 정말 사골국물의 또 다른 측면인 진수(건강, 전통과 지혜)를 알지 못하고 발표한 것이다. 우리 조상들은 사골국물의 지방을 제거하고 진수를 얻어내기 위해 한 두번 끓여 내는 것이 아니고 얼마나 많이 우려내는가? 그런데 이러한 측면을 간과하고 덜컥 발표하여 우리나라 식품을 왜곡하고(그들 데이터를 왜곡했다는 것은 아님), 발전을 더디게 하며 관련 업계에 치명적인 타격을 입히는 우를 범하고 만 것이다.

소금을 덜 먹게 하려는 취지는 좋다. 그러나 그것을 지나치게 강조한 나머지 우리 전통식품문화를 부정하는 우를 범해서는 안 될 것이다.

〈식품외식경제, 2012.06.18〉

간과 소금 그리고 건강

- 간이 맞아야 건강하다 -

우리 조상들은 음식을 요리한 후 맛을 보면서 꼭 하는 말이 있다. '간이 맞다' 또는 '간이 안 맞다' 하는 말이다. 그 만큼 음식을 만들 때 '간이 맞고 안 맞고'는 우리가 음식을 먹을 때 맛있게 먹고 건강해지는 차원에서 매우 중요하다. 그런데도 요즈음 이러한 조상들의 간이 맞아야 건강하다는 지혜를 무조건 매도하는 현상이 나타나고 있다. 특히 모 기관과 몇몇 학자를 중심으로 지나치게 이를 강조한 나머지 우리나라 음식에 전통적인 간 맞추기를 나쁜 것으로 인식하는 상황까지 이르게 되었다.

우리말에 '간'이라는 것은 오래 통용되는 순수한 우리말로 음식에 맛을 내는 물질을 일컫는 말이다. 옛날에는 음식에 간을 낸다는 말이 소금, 간장, 된장, 고추장 등을 사용하였기에 이들이 곧 (짠)맛을 내는 것으로 대표적으로 인식되었다. 따라서 간을 내는 물질로 소금, 간장, 된장, 고추장, 식초 따위를 통틀어 이른다. 여기서 유래된 순수한 우리말 '간이 알맞다', '간을 낸다', '간이 맞다', '간을 보다', '간이 배다' 등이 쓰인다. 그럼에도 불구하고 우리말 김치의 어원이 '침채(沈菜)'라고, 우리말 고추의 어원이 한자 '苦椒'라고 주장하는 우리말의 왜곡을 일삼는 무리들은 우리말 '간'이 한자 '間'에서 왔다고 한다. 그러기 때문에 '간이 맞다'는 것은 싱거움과 짠맛의 중간을 일컫는 말이라는 것이라고 그럴싸하게 그들은 꾸며낸다. 허울 좋게 꾸며낸 거짓이다. 또 어떤 이는 간이라는 글자가 우리의 오장육부의 하나인 간(肝)에서 왔다고 주장하여 음식이 우리의 肝에서 받아들이기 적당한 조건을 '간이 맞다'라고 하기 때문에 '간이 맞다'라는 어원이 '肝이 받아들이기 좋다'에서 왔다고 주장한다. 이 모두는 漢字를 안다는 사람이 우리말을 갖고 장난을 치는 것이나 다름없다. 이는 우리의 문화를 왜곡하는 것이다. 한마디로 그들은 소설을 쓰고 있는 것이다. 왜 우리말이 한자에서 와야만 하는가? 아무튼 한자를 좀 아는 사람이 하는 이야기는 그럴 듯 하고 한글을 하는 사람은 좀 속 되게 보이는 우리의 풍토를 이용하여 한자를 조금 아는 소위 지식인 그룹이 국민을 속이고 우리 문화를 왜곡하는 것이다.

어쨌든 우리나라 음식이 위생이 문제가 되고, 영양이 부족한 것이 문제가 될 때 국민들을 교육하고자 활발히 활약했던 계몽주의적 식품학자들이 아직도 지나치게 소금을 섭취한 부분만 강조하여 지나치게 싱겁게 먹을 것만 강조하고 있다. 소위 '소금이 많이 들어간 국문화를 없애야 한다', '김치를 많이 먹기 때문에 위암이 많다'는 등 지나친 면을 강조하여 우리나라 전통 식문화와 전통을 부정하는 분위기로 몰고 가고 있다.

간이 맞지 않은 음식을 먹으면 맛이 없고 따라서 소화가 안되어, 결국 탄산음료를 마시고 지나치게 맵게 먹어야 소화가 잘될 것이다. 간이 안 맞는 경우, 맛을 증진시키거나 소화력을 높이려면 달게 하거나, 자극적이거나, 탄산화음료를 마실 수밖에 없는 현실이다. 한 때 몇몇 식품학자들이 MSG (글루탐산나트륨)를 화학조미료라고 하여 몸에 좋지 않다고 근거 없이 (과량 섭취하지 않을 시 아직까지 몸에 좋지 않다는 과학적 근거는 없음) 폐해를 강조한 결과, 많은 식당에서 MSG를 넣지 않는다고 강조하고 그 대신 이에 상당한 맛을 내려고, 우리 몸에 분명히 좋지 않은 것으로 과학적으로 밝혀진 소금과 설탕을 얼마나 많이 사용하였는가? 그 댓가로 지금 많은 사람이 비만, 당뇨, 심혈관질환 증가 등의 부작용으로 고통을 받고 있다고 말해도 과언이 아닌다.

지금도 한집안에서도 어르신들은 음식에 간이 맞아야 한다고 주장하고, 젊은 주부는 소금을 적게 넣고 싱겁게 먹어야 한다고 주장한다. 결국 젊은 사람들은 한식을 잘 먹지 못하고, 패스트푸드를 많이 찾게 된다. 앞으로 누가 더 건강할 것인가? 한번 생각해보자. 대책을 세우지 않고 무조건 싱겁게 먹으라는 것은 음식이 간이 맞지 않아 몸에서 받아들여 지지 않고 결국 우리 몸이 정상적으로 돌아가지 않아 건강을 유지하기 어렵다. 우리 조상들의 지혜가 가득한 우리 한식을 중심으로 간을 맞게 하여 맛있게 잘 먹고 소화를 잘 시키고 운동하는 것이 건강하게 사는 것이다. 우리 조상들은 간을 맞추기 위하여 짠 것을 줄여서 간을 맞게 하는 지혜도 있었다. 간을 맞게 하는 식품으로 김치의 젓산, 발효식초의 식초산 등 유기산 발효 식품 등이 있다. 조상들의 지혜를 받아서 어떤 경우 소금을 적게 넣고 발효식초를 넣어 간을 맞추어 보는 것이 더욱 건강을 유지하는 길일 것이다.

그렇다고 결코 짜게 먹으라는 것은 아니다. 조상들의 지혜를 살려 간이 맞게 먹으라는 것이다. 어느 경우도 지나침은 아니함만 못하다는 것을 명심하여야 할 것이다. 우리나라 식품을 잘 먹고 잘 소화시키는 것이 건강을 유지하는 길이다. 아직도 자기 발전 없는 변화에 부응하지 못하는 계몽주의적 발상이 우리나라 식품산업을 얼마나 저해하는지 깨달았으면 한다.

〈식품외식경제, 2012.05.21〉

또 중심을 잃어버린 식약청

필자는 식약청이 잘못 대처한 대가가 산업적으로 얼마나 문제가 큰지 1990년대의 쇠기름(우지)파동사건 등 몇몇 사건을 예로 들며 지적해왔다. 그런데 이번에 식약청의 오락가락하는 행정이 또 큰일을 내고 말았다. 지난 10월 25일 모 국회의원이 국감에서 라면원료에 벤조피렌이 검출되어 안전성문제를 추궁하자 마치 식약청은 해당 제품에 벤조피렌이 기준치 이상 들어있다는 것과 같은 발언을 하고야 만 것이다.

문제는 거기에 있는 것이 아니라, 식약청이 몇 개월 전에 해당 제품원료에서 벤조피렌이 검출되었지만 여러 기준으로 볼 때 기준치 이하로 검출되어 안전에 문제가 없다고 결론 내린 제품을 국회에서 문제 삼고 언론에서 떠드니까 이를 번복한 것이 더 큰 문제가 된 것이다. 이러한 보도가 나가자 중국, 일본, 대만 등에서 난리가 났다. 당장 해당 몇몇 제품이 마치 벤조피렌이 다량 들어있는 것 같이 보도되고 국가차원에서 회수 조치를 내리고, 급기야 한국제품이 다 문제가 있는 것 같이 보도되고 난리가 나버린 것이다.

이 얼마나 식약청이 생각없이 대처한 결과가 큰 것인가? 그 잘못 대처한 발언('허용기준치를 넘는 발암물질인 벤조피렌이 든 원료를 사용한 제품을 회수 안한 것은 잘못이다')이 이렇게 커질 파장을 생각하고 그렇게 대답했는지 궁금하다.

국민의 안전과 식품산업의 발전, 이것은 동전의 양면과 같아서 떼려야 뗄 수 없는 관계이다. 식약청은 이 두 면을 항상 똑같이 염두에 두고 신중하게 대처해 주었으면 한다. 이번 일같이 식약청이 중심을 잡지 못하고 국회의원이 추궁한다고 하여 정치적 논리를 극복하지 못하고 오락가락한다면 결국 피해는 국민에게 돌아가고 해당 기업(산업)은 돌이킬 수 없는 상처를 입게 되고 만다. 다행히도 이달 초 중국과 대만에서 해당 제품을 분석한 결과 벤조피렌이 검출되지 않았다는 공식적인 결과가 발표되어 한숨 돌렸지만, 사실 이러한 결과도 식약청 입장에서 보면 얼마나 부끄러운 일인가? 식품의 안전에 대한 중요성은 더 이상 강조할 필요도 없다. 그러나 식약청이 언론에 끌려간다거나 정치적 논리를 극복하지 못하고 이번과 같이 오락가락한다면 결국 식약청에 대한 불신은 높아지고 특히 산업체에서 느끼는 식약청에 대한 원망은 더욱 커질 것이며 그 피해는 고스란히 국민에게 돌아갈 것이다.

이러한 사태를 초래하지 않으려면 식약청은 좀 더 냉정하고 과학적으로 대처하여야 할 것이다. 특히 언론이나 소비자단체 등에 대응할 때는 더욱 과학적인 데이터를 갖고 설득해야 할 것이다.

차제에 언론이나 소비자단체, 국회 등도 문제를 제기할 때는 좀 더 과학적인 객관성을 확보하여 신중하게 제기해 주었으면 한다. 물론 그들에게 과학적인 데이터를 요구하는 것은 지나친 욕심일지 모른다. 그러나 어찌 보면 식품산업도 국가가 살아가는데 매우 중요한 산업임에는 틀림없기 때문이다. 마치 모든 식품산업을 죄인 취급하듯이 함부로 하는 시각도 좀 바뀌었으면 한다.

국민도 식품에 대한 안전성문제가 언론에 자꾸 보도되는 것은 모든 식품이 약품보다 안전에 문제가 있어서 보도되는 것이 아니라는 것을 알았으면 한다. 사실 약은 안전에 관하여 약간의 문제가 있어도 허가된다. 그 이유는 당장 치료 효과가 있다면 약간의 부작용도 허용되는 면이 있는 것이 약이다. 반면에 식품은 365일 꾸준히 먹어야 되는 것이기 때문에 안전에 문제가 되는 어떠한 허락되지 않은 것이 식품이다. 그래서 식품에 안전성 문제가 있으면 큰 뉴스거리가 되는 것이며, 언론에서도 먹거리의 안전성에 대하여 크게 다루는 것이다. 따라서 언론에 식품의 안전성에 자꾸 오르내린다고 해서 모든 식품에 대하여 문제가 있는 것 같이 받아들이거나 또한 매도해서는 안 될 것이다. 사실 벤조피렌이 문제되는 것은 일상적으로 고기를 구워서 먹는 것이나 공기 중에 벤조피렌에 노출될 때 생기는 문제가 이번 해당식품에서 발생되는 벤조피렌 보다도 훨씬 심각할 것이다.

아무튼 식약청은 중심을 잡고 국민의 안전한 먹거리와 우리나라가 잘 먹고 살 수 있는 식품산업의 발전을 균형있게 봐 주길 바란다. 그리고 국민의 안전을 생각하는 단체나 모임도 식품의 안전문제를 제기할 때는 다른 측면 즉 국가산업적인 측면도 동시에 봐주길 바라며, 모든 문제는 과학적으로 검증을 거쳤으면 한다.

〈식품외식경제, 2012.11.19〉

파마톤과 인삼 종주국

며칠 전 국회 국정감사에서 우리나라 인삼제품에 대한 이야기가 나왔다. 우리나라가 인삼종주국이라고 하면서도 인삼 수출국이 되지 못하는 이유와 인삼제품면에서도 세계 인삼제품 시장에서 절반가량을 차지하고 있는 '진세나'는 인삼과 상관없는 스위스 제품인데 왜 우리나라에는 그러한 제품이 없느냐에 대한 것이다. 이는 식품을 연구하는 우리 입장에서는 매우 부끄럽고 안타까운 일이 아닐 수 없다. 차마 이를 변명하고 싶은 생각은 없다. 그러나 과거를 알아야 미래를 바라볼 수 있고 똑바로 갈 수 있기 때문에 여기서 꼭 짚고 넘어가야 할 것이 있다. 스위스 파마톤사가 진세나를 어떻게 세계적인 1등 식품으로 발전시켰는가를 살펴보는 것이다.

1980년대 우리정부는 인삼연구소를 중심으로 인삼가공제품을 만드는 것에 많은 연구비를 투자하였다. 그 결과 인삼을 넣어 안 만들어본 제품이 없다. 전통적인 인삼주를 비롯하여 인삼쿠키, 인삼캔디, 인삼초콜렛, 인삼주스, 인삼빵 등 인삼을 넣어 만들어 볼 수 있는 것은 무조건 다 만들어 보았다. 그 비싼 인삼을 이용하여 인삼김치도 만들어보고 인삼을 먹여 키운 인삼닭과 인삼달걀도 만들어보았다. 그러나 이러한 무수한 제품 개발에도 불구하고 소비자가 찾는 식품으로 남은 것은 많지 않았다. 그 시절에 우리나라는 고려인삼만 무조건 좋은 것이지 화기삼(花旗參, 미국, 캐나다 등지에서 생산되는 서양삼)으로 대표되는 외국산은 인삼도 아니라고 외쳐대기만 하였다.

그러나 그 시절 스위스의 작은 회사인 파마톤사는 인삼에는 어떤 성분이 있으며, 그 성분들이 어떻게 몸에 좋은 역할을 하는지에 관한 논문을 발표하기 시작하였고, 심지어 인체시험결과도 발표하기 시작하였다. 물론 파마톤사는 우리나라 인삼을 갖고 실험한 것이 아니었다. 우리나라는 이러한 연구에 1원도 투자하지 않을 때 그들은 인삼의 효능과 그 성분에 대하여 동물시험실 및 인체실험 결과를 발표하여 인삼의 기능을 홍보하기 시작하였다. 우리는 그들의 이러한 발표를 보고 인삼이 몸에 좋은 식품라고 흥분하기도 하였지만, 우리정부는 우리나라 학자들이 이러한 연구를 하겠다고 연구계획서를 올리면 거들떠보지도 않았다.

우리 연구자들은 열심히 인삼제품 시제품을 만들어 세계박람회에 전시하였지만 바이어나 소비자의 요구 즉 '몸에 좋다'는 것에 대한 과학적인 데이터 요구에 하나도 대응하지 못하고 있었다(우리 기업은 과학적인 논문이 없어서 특허를 수십 건 보여주었지만 그들은 특허는 거들떠보지도 않았다). 다만 스위스 파마톤사만 조용히 화기삼을 이용한 인삼의 건강 데이터를 조금씩 조금씩 보여주기 시작하더니, 어느날 '진세나'라는 제품을 시장에 내 놓은 결과 세계 시장을 석권하기에 이른 것이다. 현재 세계 인삼시장의 50%이상을 이 진세나 한 제품이 잡고 있다.

그들은 인삼제품을 바로 시장에 내놓지 않고 한국에서 인삼에 대하여 홍보할 때 소비자가 궁금해하는 마케팅 포트폴리오로서 과학적인 데이터를 하나씩 내놓기 시작하더니 어느 정도 마케팅 포트폴리오가 완성되니까 진세나를 시장에 내놓아 세계 시장을 석권한 것이다. 그들은 데이터라는 소프트웨어를 갖고 있었고, 우리는 시제품이라는 하드웨어를 갖고 있었지만 결국 우리는 그들이 미래에 만들어낼 제품을 선전해주고만 꼴이 되었다.

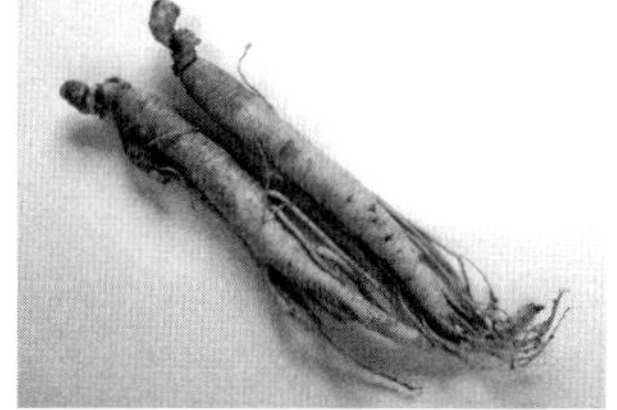

우리는 아직도 시제품이나 제품개발에 의하여 시장을 점유할 수 있을 것으로 생각한다. 그러나 소비자가 요구하는 과학적인 정

보요구를 만족시켜줄 수 없는 콘텐츠가 없으면 절대로 시장에서 성공하지 못한다. 정부나 기업들도 식품산업을 발전시키기 위해서는 우선 패러다임을 바꿔야 할 것으로 본다. 과거에는 무조건 제품개발에 정부의 R&D 예산이 투입될 시기이기 때문에 충분히 이해가 되는 면도 있지만 이는 지금 생각하면 얼마나 가치 없는 일이었는지 후회스럽다. 우리 연구자도 이러한 정부 정책에 '아니요'라고 하지 못한 것을 후회한다. 오히려 쉽게 연구비를 따려고 정부를 부추긴 면도 없지 않다. 홍삼의 경우 그나마 건강에 대한 과학적인 데이터가 조금 있었기에 지금과 같은 시장 성장이 가능하였다는 것을 잊지 않았으면 한다.

〈식품외식경제, 2011.10.14〉

식품소비자의 특이성과 맞춤식품

- 식품은 약품과 같이 일방적으로 접근하지 말라 -

몇 년 전에 연구과제 결과 발표 때 일어났던 일이다.

그때만 해도 식품분야에서 기능성연구 등 바이오 관련 연구를 하는 사람이 많지 않아서 건강기능이라든지 유전자 등에 대한 연구 평가회를 하면 의례적으로 약대 교수들을 평가위원으로 모시곤 하였다. 물론 초빙된 약대교수들이 갖고 있는 연구업적들이 식품을 연구하는 교수들보다 많은 것은 사실이다.

본인이 맞춤형식품 관련 연구결과 발표를 하던 중 식품은 소비자의 특성에 맞게 맞추어야 함으로 '우리나라 인구의 1%에만 흔히 말하는 효과가 있어도 그 시장을 타킷으로 한다면 식품으로 가치가 있다'고 이야기하였더니 평소 알고 지내던 약대교수였음에도 불구하고 그는 '그걸 말이라고 하느냐?'하는 듯이 비아냥거리는 어조로 격렬하게 반박하고 나섰다. 거기에 식품을 전공하는 일부 과학자들도 약대 교수의 의견에 동조하여 평가받는 데 어려움을 겪은 적이 있었다.

당시에 본인이 식품과 약품의 차이를 설명하려 해도 그들은 들으려 하지도 않았다. 약품으로 시장에 나오려면 그 임상효과나 다른 실험에서 거의 100% 효과가 있어야 시장에 나올 수 있다. 약품의 특성상 10%나 1%에게만 효과가 있다면 이는 폐기대상이고 이러한 결과를 갖고 이야기하면 허위광고이고 과대광고란 개념이 약대 교수들의 머리에 꽉차있기 때문에 본인의 이야기를 들어보지도 않으려고 했던 것 같다. 본인의 이야기는 1%, 즉 대한민국 인구의 40만명에게 특이적으로 식품으로서 효과가 나타난다면 그 시장가치가 충분히 있다는 것이었다. 물론 그 이유가 과학적으로 규명되고 충분히 설명될 때만 가능한 이야기이지만 식품은 대한민국 인구 1% 또는 10%, 즉 작게는 40만명만 대상으로 마케팅해도 충분히 그 시장에서 성공할 수 있다. 이는 약품에서는 있을 수 없는 일이다. 그들은 이러한 식품의 특성을 이해하지 못하고 식품 연구하는 사람들에 상대적 우월인식에 빠진 나머지 식품도 약품과 같아야 한다는 관념에서 벗어나지 못하고 있다. 물론 약품은 질환 치료에 있어서 열명 중 아홉-열명에 효과가 없다면 그 약은 당연히 폐기되어야 할 것이다. 그러나 식품의 기능성 측면에서는 서너명만 효과가 있고 나머지는 없더라도 폐기해야할 일이 아니다.

'왜 서너명만 효과가 있고 나머지는 효과가 없는지?'를 소비자의 체질적, 생활습관적, 관습적, 문화적 특이성에 견주어 과학적으로 분석된다면 그 특이적 그룹을 대상으로 새로운 식품시장을 창출할 수 있다. 이것이 소위 말하는 맞춤형식품 시장이다. 그들은 약품에는 없는 소비자의 맛, 감성, 습관, 문화, 체질 등이 식품에는 있다는 사실을 알지 못한 나머지 식품도 약품과 같이 '하면 된다'는 착각에 빠진 경우가 많다. 사실 확률적으로 보면 맞춤형 약품은 있을 수 없고 맞춤형 식품만이 있을 수 있다. 분명 약품의 선택권은 부작용이 있기 때문에 의사에게 있다. 하지만 식품의 선택권은 대부분 식품은 부작용이 없기 때문에 전적으로 소비자에게 있다. 만일 의사가 그 약품에 효과에 대한 확신이 없이 처방하면 범죄행위가 될 수 있지만 식품은 100% 효능에 대한 확신이 없어도 효능이 있다고 알려졌다면 이를 소비자가 선택하는 것은 죄가 아니다.

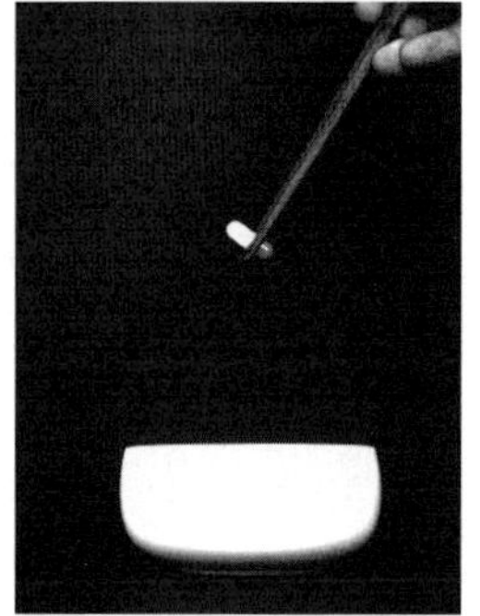

이는 소비자의 권한이다. 식약청의 과대광고에 대한 개념도 이러한 차원에서 접근해야 한다. 그런데 식약청은 이것도 일방적으로 규제하려 든다. 이것도 규제의 대상이 아니라 교육의 대상이다. 이러한 연유로 약대 교수들을 중심으로 제정된 '건강기능식품법'이 개정되어야 하는 이유이다.

단편적으로 기능성식품이 질환 예방적 차원에서만 기능만을 표기하도록 한다든지, 인간에대한 효능도 질환의 치유효과를 배

제한 것이라든지, 인체시험 피험자 대상도 환자는 제외하고 건강인이나 준건강인을 대상으로 한정지어 식품의 역할을 차단한 것이라든지, 암 치유효과를 배제한 것 등 개정해야 할 부분이 수없이 많다.

본인이 이런 이야기를 하면 또한 약사나 약대 교수들은 극렬히 반대할 것이다.

식품에 대한 소비자의 선택권을 보장해주어야 한다. 다만 소비자에게 선택의 판단이 되는 과학적인 정보는 정확히 주어야 할 책임이 있다. 진정한 맞춤형은 식품에만 있고 약품에는 없다.

식품소비자의 특이성을 잘 파악하여 소비자의 니즈, 체질, 습관, 문화에 맞는 맞춤형식품이 나온다면 그 식품시장이 커질 것이다. 식품산업은 제약산업보다도 훨씬 큰데도 그들에게 언제까지 끌려다녀야 하는가? 규제에 대항할 수 있는 힘과 전문성을 키울 때다.

〈식품외식경제, 2012.08.20〉

Chapter 2

식품산업 특성

특허와 전유성

- 농식품산업은 단순한 2차산업이 아니다 -

많은 사람이 한국식품연구원은 농식품부 산하에 있는 기관으로 알고 있으나 사실은 지식경제부 산업기술이사회의 13개 출연연구기관 중 하나다. 많은 분들이 의아해 하고 있다. 사실 지난정권까지는 모든 과학기술업무를 과학기술부에서 총괄하여 운영해 왔으나, 이명박 정권에서 과학기술부를 없애고 출연연구기관 중 기초기술연구회 소관은 교과부, 산업기술연구회 소관은 지경부로 일률적으로 배분하다보니 생긴 일이다. 여기서 한국식품연구원이 왜 지경부에 있어야 하는지를 논하자는 것은 아니다. 식품연구원이 지경부 산하에 있다보니까 생긴 일을 소개하고자 한다.

산업기술연구회는 이사장이 있고 그 밑에 13개의 출연연구기관이 있는데, 대부분 연구소가 연구결과를 기업이 기술이전을 받아 생산 즉 2차 산업과 직결되는 연구를 하고 있다. 소위 B2B(Business to Business) 전략이다. 그런데 13개 연구 기관 중 거의 유일하게 식품연구원만 B2B에다 B2C(Business to Consumer) 연구를 하고 있는 기관이다. 즉 우리 연구결과의 최종소비자가 다른 기관은 대부분 기업이지만 우리 연구결과의 최종 소비자는 기업보다는 우리나라 전체 백성이라는 것이다. 1970~80년대에서는 대부분 식품연구원의 제품개발 연구결과 소비자가 다른 연구원과 마찬가지로 기업이었으나, 국민이 식품에 대한 안전과 건강, 행복에 대해 관심이 많아진 지금은 우리 연구결과에 대해 국민이 관심이 많다.

사실 식품 안전에 관한 연구는 산업의 생산성과 관련되는 연구는 아니다. 국민의 관심과 정보에 대한 직결된 연구로서 가치가 매우 크다. 또한 식품의 건강과 기능에 관한 연구결과는 21세기 국민의 '삶의 질 향상'과 더불어 국민, 더 나아가서 세계인들이 관심을 갖고 있는 분야로 곧 어떤 식품이 최종 소비자의 선택, 브랜드, 가치 향상에 절대적인 존재가 되어 버렸다. 그런데 산업기술연구회 이사장으로 기술관리(management of technology)를 전공하신 분이 오신 다음에, 연구원의 모든 평가기준이 특허와 기술이전에 초점이 맞추어 졌다. 이는 B2B를 전문으로 연구하는 연구원에는 어느 정도 맞을 수 있으나 식품연구원 같은 B2C가 강한 분야를 연구하는 기관은 전적으로 맞지 않다. 그럼에도 모든 기관이 이런 기준에 일괄적용을 강요하는 바람에 커다란 불이익을 당하고 있는 편이다. 본인이 여기서 말하고자 하는 것은 평가지표의 부당함을 고발하고자 함이 절대 아니고 오히려 식품산업이나 연구에서 가치의 발견이나 가치 창출이 얼마나 중요한지를 말하고자 함이다.

지금은 기술관리보다 가치관리(management of value)가 더 중요한 시대이다. 비단 식품분야에서 뿐만 아니라, 이번 삼성과 애플의 미국 소송에서 보는 바와 같이 전자나 IT에서도 가치관리가 얼마나 중요한지를 여실히 보여주고 있다. 물론 B2B에서는 특허가 중요하다. 그러나 B2C에서는 특허가 중요하지 않다. 식품의 안전에 관한 특허를 낸다고 해도 그 기술을 사가는 기업도 없겠지만 만일 사간다 해도 결국 선택받지도 못하고 소비자 물가만 올려 국민 삶의 질에 지대한 악영향을 미칠 것이다. 국민은 건강에 좋은 가치 있는 식품을 안전하게 값싸게 먹을 권리가 있다. 특히 식품산업은 산업 특성상 특허의 전유성(appropriability, 독점적 지휘권)이 절대로 높지 않다. 또한 식품과 같이 건강과 삶과 직결되는 산업은 전유성이 높아서도 안 된다.

식품연구원이 국민의 건강을 담보로 높은 기술료를 번다 해도 그 돈을 어디에다 쓸 것인가? 이는 공익적 가치를 추구하는 출연연구의 특성상 맞지도 않은 일이다. 오래전부터 외국 바이어들은 식품산업의 특성상 전유성이 낮은 식품기술특허에 관심이 없고 오로지 제품의 브랜드 제고와 선택의 폭을 넓일 수 있는 지식(논문)이나 가치(스토리)에 관심이 더 많다.

높은 기술료는 국민들에게 누구나 건강하고 안전한 음식을 먹을 수 있는 기본 권리를 제한하는 결과를 초래한다. 한류, K-pop 등 문화적인 흐름 속에 세계 사람들이 비빔밥을 먹으면서 우리 문화를 이해하고 건강하게 행복을 느낄 수 있도록 하는 것이 가치 있는 연구가 아니겠는가? 한식세계화 연구는 세계인들이 우리나라 한식을 선택하고 즐겨 먹는 데 도움이 되는 가치를 창출해주는 것이다. 비빔밥에 기술료를 내고 먹게 하여야 하겠다는 생각이 앞선다면 절대로 한식세계화가 될 수 없다. 돈보다 우선되어야 할것이 가치이다. 식품산업은 단순한 2차산업이 아니다.

이러한 오류는 식품연구원이 옛날같이 과기부에 모든 기관이 통합되어 있거나 농식품부에 있었다면 일어날 수 없는 오류이다. 앞으로는 모든 출연연구기관에 평가기준을 일괄적으로 부여하는 이러한 정책적 오류를 반복하는 일이 없었으면 한다.

〈식품외식경제, 2012.08.20〉

공유적 가치냐 독점적 이익이냐?

- 지금은 국가 식품 R&D에서 가치창출에 매진할 때다 -

몇 달 전 우리나라의 심각해진 소득 양극화를 해소하기 위하여 동반성장위원회 위원장인 정운찬 전 국무총리가 '초과이익공유제'의 도입을 제안하면서 큰 논란이 있었다. 우리와 같이 경제학자가 아닌 사람은 이 제도에 대하여 자세히 알지도 못할 뿐 만 아니라 왈가왈부할 능력도 없다. 다만 우리나라가 국민의 소득 불균형을 시급히 해소하지 않으면 안 되는 상황이 온 것은 분명한 것 같고 이를 해결하려는 노력도 필요한 시점이다. 여기서 우리는 식품산업에서 기업이 추구하는 이익을 공유할 것인지 아니면 국가가 추구하는 가치를 공유할 것인지를 놓고 생각해 보지 않을 수 없다.

흔히 식품산업의 가치를 논할 때 몇 년 전 MBC에서 제작 방영된 드라마 '대장금'의 가치를 논한다. 대장금이 중국을 비롯하여 세계 각국에서 TV드라마로 방영되어 우리나라의 문화 특히 식품문화를 알리는 데 크게 기여하였다. 특히 한류까지 연결되어 우리나라를 전체적으로 알리는 데 크게 기여했다고 한다. 대장금에 의하여 창출된 경제적 가치를 어느 경제학자는 3조원 이상이라 고하고 어느 신문에서는 13조원까지 된다고 한다. 그러면 여기서 이 대장금을 제작한 MBC의 실질적인 이득은 얼마일까를 생각해보지 않을 수 없다. 이것도 정확한 통계를 알 수 없으나 중국의 TV나 동남아시아를 포함한 아시아 더 나아가서 아프리카를 포함하더라도 MBC에 방송권료로 낸 돈은 합해도 100억원은 넘지 않은 것으로 안다.

즉 드라마 대장금의 가치는 수조원인데 이에 비하여 MBC가 벌어들인 이익은 가치로 평가된 수조원의 백분의 일도 안 된다는 사실이다. 여기서 우리가 무엇을 평가할 것인가? 그리고 무엇을 추구할 것인가를 생각하지 않을 수 없다. 만일 MBC가 경제적 가치를 떠나서 회사 이득이나 이익에 중점을 둔 나머지 대장금 비디오테이프를 복사할 수 없게 하는 기술을 가졌다면, 일반 중국인들이 복사하여 보지 못할 뿐만 아니라 중국사회에 퍼지지도 않았을 것이다. 그렇다면 중국의 TV에서도 굳이 몇 십억 주고 방송권료를 주고 사서 방영하지도 않았을 것이다. 여기서 나는 불법복제를 절대로 옹호하려고 하는 것이 아니다. 다만 말하고 싶은 것은 식품산업이 이러한 드라마 '대장금'과 비슷하다는 것이다. 일반적으로 식품관련 제품이나 개발기술이 드라마 대장금 테이프처럼 기술적으로 완벽하게 보호되지 않는다. 식품은 기술보호벽이 높지 않기 때문에 이익을 추구하는 기업은 독점적 기술로 기술이전을 받아갈 수 없다. 즉 국가나 국가연구기관이 R&D를 통한 아무리 좋은 제품이나 기술을 개발하여도 기업은 쉽게 이 기술을 받아 독점적 이익을 낼 수 있다는 확신이 없다.

어쩌면 식품 기업은 기술보호가 잘 되지 않는 생리를 알기 때문에 보호되지 않은 기술을 독점적으로 많은 돈을 주고 이전 받으려 하지 않는다는 것은 매우 당연한 일이다. 따라서 국가나 연구기관은 식품 R&D에서 독점적으로 쓸 수도 없는 제품 개발에 역점을 두기 보다는 우리나라 식품의 브랜드 즉 경제적 가치를 제고할 수 있는 연구에 중점을 두는 것이 중요하다.

기업은 창출된 공유적 가치를 활용하여 상품화 또는 제품화할 때 글로벌 브랜드 제품을 만들 수 있다고 국가에게 요구하고 있다. 그렇다고 이윤을 추구하는 기업에게 공유적 가치를 위한 연구개발에 투자하지 않는다고 뭐라고 할 수 없다. 기업은 제품 개발할 기술이 무엇인지를 고민하기 보다는 새로운 사업(제품)에 뛰어들어야 할 것이냐 말 것이냐를 놓고 더 많은 고민을 하고 있다. 우리나라 식품 산업을 세계화시키려면 국가나 연구기관은 기업이 활용하고 판단할 자료가 되는 가치를 창출하는 소프트웨어 파워를 키우는 R&D에 매진할 때이다.

한 달 전 출범한 국가과학기술위원회도 이제는 국가 R&D 개발에 제품개발, 기술개발의 시대는 지나갔고 새로운 가치창출과 가치개발에 역점을 둘 때라고 선언한 바 있다. 그러나 그 방향은 정해져 있지만 이에 따른 세부 조치는 변하지 않은 것 같다. 아직도 국가 R&D의 평가에 기술이전, 기술료 수입이 평가의 중요한 기준으로 남아 있기 때문이다. 진정 무엇이 가치 창출의 정확한 잣대인지 생각해 볼 때이다. 가치 공유가 이익 공유보다 효과가 수백 수천배 이상의 효과가 크기 때문이다.

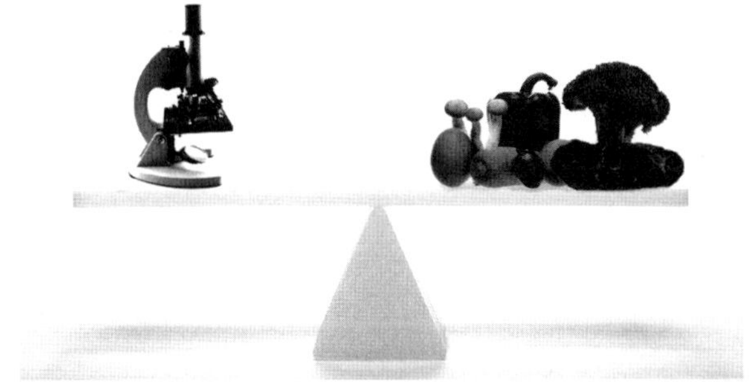

〈식품외식경제, 2011.05.20〉

차세대 식품의 허황(虛荒)

- 차세대 식품이란 없다 차세대 식품시스템 산업으로 -

닐 암스트롱이 1969년 달에 갔을 때 많은 사람들이 21세기 미래사회에 대해 예측한 것들이 있다. 그 중 잘못된 예측을 세 가지 소개하고자 한다.

첫 번째로 아폴로 11호가 달나라에 착륙한 것을 두고 2000년대에 가면 인류가 달나라 여행을 자유스럽게 할 것이라고 했고, 두 번째로 그 당시에 콩코드기가 뉴욕-파리 간을 2시간대에 주파하면서 2000년대에 가면 전 세계 어디든지 비행시간이 2시간대에 주파할 것이라고 했으며, 세 번째로 식품도 복잡하게 상을 차리고 먹는 것이 아니라 길을 가다가도 일하다가도 먹을 수 있는 패스트푸드가 주를 이룰 것이며, 더 나아가서는 2000년대는 식품도 캡슐이나 타블렛 하나만 먹어도 사는 시대가 올 것으로 예측했다. 따라서 상을 차리는데 드는 시간, 비용과 거추장스러움, 노동에서 해방되는 시대가 올 것으로 예측했다.

그러나 이 모든 것이 잘못된 예측이다. 특히 식품에 대하여 이야기하면, 먹는 것도 간편해야 하고 먹는 시간을 줄여야 경쟁에서 이길 수 있다고 생각한 나머지 무조건 편이식품이나 타블렛·캡슐 같은 것을 약같이 개발하여야만 하는 것으로 생각했다. 이때부터 미래식품, 차세대 식품이라는 것이 나오고 이는 약품과 같이 한 알만 먹으면 우리 몸이 좋아지는것으로 식품을 인식하게 되었다. 즉 미래 차세대 식품은 편이성과 칼로리 원(源)으로서의 영양을 갖추고 이것을 개발하면 떼돈을 벌 것으로 생각하고, 이를 개발하는 데 많은 노력과 시간을 낭비하였다. 그래서 많은 식품학자들이 약품에서의 블록버스터를 노리는 것을 따라하여 식품에서도 차세대 식품으로 예를 들면 비만식품, 당뇨식품, 특수용도식품, 정신건강식품, 대머리식품(탈모예방식품) 등이 있을 것으로 생각하고 이를 개발하기 위해 많은 노력을 기울였다.

아직까지도 이러한 식품이 있을 것으로 알고 이를 개발하면 엘도라도의 성을 차지할 것으로 생각하는 사람들이 있다. 지금도 많은 식품중소기업, 벤처기업이 이 대박의 꿈을 안고 광야의 대지를 찾아 헤매고 있다.

결론적으로 말하면 식품산업에서는 블록버스터는 없으며, 더군다나 무슨 식품, 무슨무슨 식품 등 특수 용도 식품은 있을 수 없다. 다시 말하면 비만의 경우에 비만을 예방하는 비만 식품은 있을 수 없고 비만 식품 시스템이 있을 뿐이다. 지금까지 블록버스터를 찾아 떠난 사람들에게는 충격적이겠지만 단적으로 말하면 차세대 식품은 없다고 할 수 있다.

식품은 약품이 아니다. 약품은 365일 동안 같은 약을 먹을 수 있지만, 식품은 365일 같은 식품을 먹을 수 없는 것이 식품과 약품의 차이다. 그런데도 많은 사람이 이것을 인식하지 못하고 식품을 약품같이 개발하려는 허황된 꿈을 갖고 아직도 도전하고 있는 것이다. 그렇다고 식품을 개발하는 것이 앞으로는 중요하지 않다는 것으로 오해하지 않기를 바란다.

미래에는 식품산업이 시스템 산업 다시 말하면 서비스 산업으로 가야 한다. 하나의 비만 식품의 요소적 개발이 아니라 비만 예방 요소, 소재들의 식품학적 특성을 살려 통섭(通涉)적으로 서비스를 받을 수 있는 시스템으로 가야한다는 것이다. 이에 대하여는 본 칼럼에서 여러번 강조하였기 때문에 본회에서는 더 이상 언급하지 않아도 될 줄로 안다. 앞에서 식품이 타블렛으로 될 것을 잘못 예측한 것은, 경제가 발전해 먹고 살만 할수록 식품을 만드는 재미, 만드는 것을 먹는 재미나 먹어주는 재미, 음식을 먹을 때 나누는 정(情)이나 밥상머리 교육과 문화, 그리고 식품을 영양

성분을 섭취하는 것이 아니라 건강을 생각하면서 먹는다는 것을 망각하고 단순히 음식을 칼로리를 얻는 약 같이 잘못 예측한 결과이다.

이러한 요소들을 통섭적으로 시스템화하여 소비자에게 제공해 주는 것이 차세대 산업으로서의 식품산업이다. 차세대 서비스 산업은 유형의 물건(음식)을 제공하는 것보다 무형의 시스템이나 지식을 제공하는 것이다. 우리 입에서 맛을 느끼는 기능이 퇴화되거나, 우리 몸의 장기 특히 위장이나 대장이 퇴화되어 없어지는 날이 오기 전에는 차세대 식품은 오지 않을 것이다. 차세대 식품은 없다. 아울러 차세대 식품기술도 없다. 식품에서는 블록버스터는 없다. 차세대 산업으로 식품산업이 있을 뿐이다. 이에 농식품부의 R&D 전략에도 인식의 대전환이 필요하다고 본다.

〈식품외식경제, 2012.04.14〉

샘플과 포트폴리오

- 식품바이어의 세계 트렌드를 바로 읽자 -

우리나라의 경제성장과 더불어 최근 우리나라 식품을 갖고 세계 각국의 식품박람회(Food Expo)에 전시할 기회가 많아졌다. 정부도 한국농수산식품유통공사(aT)를 통해 세계적인 식품전시회에 우리 제품을 전시할 수 있도록 지원을 아끼지 않고 있다. 전시회에서 한국관에 가면 각종 식품을 전시하는 중소기업이 많이 눈에 띈다. 아마 이러한 중소기업은 aT의 지원이 없으면 국제 전시회에 제품을 소개할 기회도 갖지 못하고 있었을 것이다. 아무튼 식품산업의 발전을 위해 중요한 일중의 하나로 앞으로도 이에 대한 꾸준한 지원이 있었으면 한다.

그런데 아쉽게도 많은 경우 해외전시에 출품해 호평을 받아도 곧 그것이 수출이나 상품 주문으로 이어지지 못하고 있다. 그 이유는 여러 가지가 있다고 생각할 수 있으나 그중 하나는 대부분 샘플만 전시하는 수준에 머물러 있고 해외 바이어들이 요구하는 것에 적절하게 대응하지 못하기 때문이다. 아니 그들의 요구에 대응할 수 있는 콘텐츠가 없었던 것이다.

몇 해 전의 일이다. 본인이 개발한 제품을 가지고 해외 전시회에 해당기업과 같이 나간 적이 있었다. 우리 쪽에서 완제품과 동시에 많은 샘플을 준비해 갔다. 나름대로 우리 제품이 몸에 좋다는 것과 우리나라 조상들이 오랫동안 먹어왔고 역사도 깊다고 열심히 설명했다. 많은 해외바이어들이 직접 시식도 해보고 가지고 간 샘플도 다 소진될 정도로 관심도 많았다. 그들이 남기고 간 비즈니스 명함도 수북이 쌓이고, 갖고 간 책자도 다 소진되었다. 그 중소기업의 사장과 우리는 매우 고무되어 수출에 대한 희망을 갖고 한국에 돌아왔다. 한국에 들어오자마자 채 일주일이 안 되어 해외에서 연락이 오기 시작하였다. 우리는 콘테이너 몇 개의 주문이 오지 않을까? 잔뜩 기대하고 있었다. 그러나 주문이 아니라 당신들이 그렇게 자랑했던 것이 틀리지는 않을 것 같다고 하는 친절한 코멘트와 함께 이를 증명할 수 있는 과학적인 자료가 있으면 보내달라고 요구했다. 우리는 실망은 하였지만 그간 쌓아온 연구 결과가 있기에 자신있게 우리가 획득한 열 몇 가지의 특허증 사본을 복사해 보냈다. 그러나 해외바이어들은 특허에는 도무지 관심이 없다면서 발표된 논문이라도 있느냐고 요구했다. 그러나 우리는 몇 년동안 수억원을 들여 제품을 개발했지만 정작 우리가 갖고 있던

것(특허)은 무용지물이 되고 그들이 요구하는 과학적인 증거를 제시할 수 있는 논문 한편도 없었던 것이다. 해외 바이어의 요구에 부응하지 못하는 상태에서 전시회에 가는 것이 큰 의미가 없음을 깨달았다. 이것이 세계 식품시장의 바이어들의 트렌드다. 특허는 그렇게 중요하지 않다. 코카콜라가 특허가 있는가?

마케팅을 위한 해외 전시회에 출품하는 것은 두 가지 유형이 있다고 본다. 우리나라에서 통상적으로 제품과 이에 대한 시제품 즉 샘플을 들고 나가는 것과 IT나 신약분야와 같이 마케팅 포트폴리오(marketing portfolio)를 들고 나가서 비즈니스하는 경우가 있다고 본다. 다양한 자료와 과학적인 증거(scientific evidence), 스토리와 시스템으로 가득찬 마케팅포트폴리오를 들고 가서 앞으로 나올 제품이나 기존제품에 대해 설명하는 것이다. 현대 비즈니스 마케팅에는 대부분의 경우 후자를 택한다. 식품산업의 경우 백문이 불여일견인데, 직접 샘플을 들고 가서 시식해 보여주면서 설명하는 것을 무시할 수는 없다.

그러나 이제는 샘플만 갖고 마케팅하는 시대는 지났다고 본다. 이는 비단 가공식품이나 제품에만 해당되는 일이 아니다. 외식산업에서도 매우 중요하다. 수많은 관광객이 우리나라에 와서 식품을 먹고 간다. 그러나 지금은 그들이 맛있게 먹었던 추억만 간직하고 우리나라를 떠난다. 추억만으로 한식의 세계화가 이루어지는 것은 아니다. 만일 그들이 우리나라 식품에 대한 역사성, 건강기능성, 안전성에 대한 과학적인 자료로 가득찬 포트폴리오를 갖고 돌아간다면 우리나라 식품 산업이 어떻게 발전할 것인지 물어볼 필요도 없다.

우리가 필요한 것은 마케팅 포트폴리오 만드는 테크닉이 아니다. 정녕 포트폴리오에 들어갈 가치 창출이 더 중요하다. 가치창출에 역량을 쏟을 때다.

〈식품외식경제, 2012.07.13〉

식품의 패러다임이 바뀐다

1970년대 미래학자들이 몇 가지를 예측한 바 있다. 그 중에서 적어도 다음의 두 가지는 틀렸다. 하나는 닐암스트롱이 달나라에 첫발을 디딘 다음 2000년대에는 많은 사람이 달나라에 여행을 갈 것이라는 예언과, 2000년대에는 당시와 같은 밥을 먹고 사는 것이 아니라 인간이 타블렛 같은 약 하나만 먹어도 사는 세상이 올 것 이라고 예측한 바 있다. 특히 뒤의 예언은 앞으로 영영 맞지 않을 것이다. 왜냐하면 인생은 살기 위하여 먹는 것 뿐만아니라 먹는 것이 하나의 삶이기 때문이다.

우리나라 출산율은 OECD 국가 중에 최하위를 기록하여, 출산율이 이대로 가면 우리나라 인구가 2050년에는 인구가 2000만명이 안되느니 호들갑을 떨고 있다. 분명한 것은 우리나라가 세계 유래가 없는 급격한 고령화로 미래는 초고령화사회가 올 것으로 예측하고 있으며 이에 누구도 이의를 달지 않고 있다. 지금 같은 고령화 속도라면 25세에서 65세 경제활동인구 대비 65세 고령인구비율이 현재 9:1에서 2050년에는 1.4:1이 된다는 것이다. 즉 현재는 65세 이상 노인을 부양할 청장년이 9명인데 2050년에는 1.4명밖에 안 된다는 것이다. 누가 이 노인들을 부양한다는 것인가? 자녀가 아니면 국가가 고스란히 그 부담을 떠맡아야 한다는 것이다. 국가적으로 보면 이러한 초령화사회가 오는 것을 국가적인 장수재앙(longevity disaster)으로 부르는 이유가 여기에 있다. 현재 노인성 의료비(치료비)가 급격하게 전체 의료비의 30%이상을 웃돈다하니 장수재앙이 올 것이라는 말이 틀린 말은 아닌 것 같다. 그러면 이러한 재앙을 피할 방법은 없는 것일까? 가장 먼저 생각할 것은 두말없이 출산 장려정책일 것이다. 일단 자식을 많이 낳아야 할 것이고 두 번째는 질환을 예방하여 병이 없이 오래 살아야 삶의 질이 높아지고 후손에게 부담을 주지 않을 정도로 경제활동을 할 수 있어야 한다. 질환 예방이 그만큼 중요하다는 뜻이다. 그러면 질환 예방을 어떻게, 무엇으로 할 것인가? 예부터 '잘 먹고 잘 놀고 잘 싸야 한다'고 했다. 맞는 말이다. 식이와 운동, 대사가 매우 중요하다는 뜻이다. 물론 약으로도 예방이 가능하지 않다는 것은 아니다.

식품에 대하여는 대한민국 사람이 한마디 이상 할 정도로 모두다 박식하다. 그렇다 보니까 식품에 대하여 잘못 알고 있는 부분도 그만큼 많다. 우리가 50년 전에만 하여도 식품은 우리의 배고픔을 해결하고, 살기 위하여 먹는 것으로 인식되었다. 이때는 식량의 생산, 저장, 가공, 유통 등의 기술이 발달하였고 영양분야가 발달하였다. 이럴 시기에 '먹기 위해 산다(일한다)'는 말이 푸념으로 들릴 때가 이 시기이다. 그러다가 80-90년대에는 우리가 경제적으로 어느 정도 발달되다보니까, 이왕 먹는 것을 더 맛있게 먹으려 하고, 또한, 먹는 즐거움을 찾게 되었다. 이러한 즐거움을 찾다보니까, 여유가 있으면 맛있는 음식점에서 외식하는 것이 하나의 풍속도로 자리 잡게 되었다. 이때부터 우리나라 외식산업이 급격히 팽창하였고, 여기저기에 유명한 고깃집(갈비집)이 우후죽순처럼 생겨나게 된다. 그러나 2000년대 이후에, 이렇게 먹는 재미로 살았던 사람들에게 하나하나 문제가 생기기 시작한다. 영양과다로 비만이 발생하고, 맛을 찾아다니다 보니 설탕, 소금을 과다 섭취한 결과 비만, 당뇨, 고혈압 등 심혈관 질환이 발생하기 시작한다. 특히 소아 비만과 당뇨는 심각한 수준에 이르렀다. 그래서 찾는 것이 기능성식품(functional food)이다. 삶의 질 향상을 위하여는 질병 발생 후 치료보다는 질병발생위험도를 줄여주는 몸에 부작용이 없고 먹는 즐거움이 있는 식품의 기능이 매우 중요하다.

어느새 우리는 풍요로운 삶보다 건강한 삶(well-being)을 더 중요시 여기게 되었다. 옛날에는 만들기만 하면 팔렸지만 기술이 있다고 하여 무조건 만들기만 하면 그 기업은 망하기 일수다. 우리가 어려웠을 때는 허기에 의하여 식품의 제1기능이 무시되었고, 외식산업이 발달하였을 때는 식품의 선택기준이 오감(五感)

에 의하여 좌우되었다. 그러나 앞으로는 허기와 오감에 의한 감성의 욕구를 누르고 우리 몸, 즉 오장육부(五臟六腑)의 건강을 유지하는 과학적인 요구에 충실한 이성의 판단에 의하여 식품을 선택하지 않으면 건강한 삶을 유지할 수가 없게 될 것이다. 이러한 시대에는 식품산업이 제품, 기술에 의하여 발달하기 보다는 어느 식품이 우리 봄, 특히 오장육부에서 어떻게 작용하여, 건강을 유지하고, 질환을 예방하고 대사되고 소화되는 지 그 과학적인 지식과 정보에 의하여 발달 할것으로 본다.

다행히 현재는 바이오기술의 발달로 우리 몸에 대하여 바이오지식에 대해 분석이 가능할 단계에 이르렀다. 앞으로는 이러한 바이오기술을 기반으로 바이오정보기술이 발달하면 우리 인간 개개인의 질환발생가능성을 예측할 수 있게 될 것이다. 그리고 여기에 맞는 소재와 식품을 개발하여 질환을 예방할 수 있을 것이다. 이러한 개인 맞춤형 질환을 예방하기 위하여는 먼저 여러 소재와 식품에 대하여 실질적으로 우리 몸에서 어떻게 작용하는지, 각 체형 및 체질별, 소재별, 시즌별, 인종별, 질환별, 조합별 기능성에 대한 정보 연구가 이루어져야 한다. 우리나라는 IT가 발달하여 정보고속도로는 매우 잘 닦여있으나 우리나라 식품소재 정보를 싣고 다니는 우리나라 차는 정작 다니고 있지 않은 형편이다. 바이오정보 기술의 발달과 함께 우리나라 식품 특히 한식 등에 대한 바이오정보는 매우 귀중한 가치 제공자료로 활용될 것이다.

미래식품산업은 기존의 식품공학기술을 기반으로, 바이오기술, 바이오정보, 문화 등이 복합적으로 작용하여 다차산업으로 새로운 식품시장이 창출될 것이다. 우리나라는 식품소재의 다양성, 조리가공기술의 다양성, 식문화의 다양성 때문에 국제적 경쟁력이 매우 높을 것으로 본다. 아마 우리나라 의식주(衣食住) 문화 중 식품문화만 살아서 움직이고 있고 세계로 나가서도 살아남을 것으로 확신한다. 우리나라와 세계의 식품에 대한 패러다임이 바뀌고 있다. 식품연구도 기술위주의 가공 연구에서, 지금 당장 국민과 기업이 필요로 하는 기능과 안전에 대한 과학적인 증거, 자료, 정보 등의 연구, 산업화 할 수 있는 정보 확보 축적에 많은 투자를 하여야 할 것으로 본다. 미래 식품산업은 가치 전쟁이다. 살아있는 가치, 지속성장 가능한 가치의 창출이 식품산업발전, 한식 세계화 등에 매우 필요하다. 패러다임이 바뀌어야 한다. 왜 세계적인 다국적 기업이 우리나라 김치에 대하여 기능성 정보, 작용기작, 발효 주체에 관심이 많은 지를 보면 그 중요성을 알 것이다.

〈아주경제, 2011.07.19〉

전환기에 선 식품산업: 미래식품산업

닐 암스트롱이 1969년 달나라에 갔을 때 세계인들이 미래사회에 대하여 예측한 것들이 있다. 그 중 몇 가지를 소개하고자 한다. 첫 번째로 2000년대에 가면 인류가 달나라 여행을 자유스럽게 할 것으로 예측하였고, 그 때 콩코드기가 뉴욕 - 파리 간을 2시간대에 주파하여서 2000년대에 가면 전 세계 어디든지 2시간대에 주파할 것으로 예측하였으며, 동시에 식품도 복잡하게 상을 차리고 먹는 것이 아니라 길을 가다가도 일하면서 먹는 패스트푸드가 주를 이룰 것이며, 더 나아가서는 2000년대는 식품도 캡슐이나 타블렛 하나만 먹어도 사는 시대가 올 것으로 예측하였다. 이 모두가 틀린 잘못된 예측이다. 특히 먹는 것도 간편해야하고 먹는 시간을 줄여야 만 경쟁에서 이긴다고 잘못 생각한 나머지 무조건 편이식품이나 약같이 개발하여야만 하는 것으로 잘못 생각한 결과이다. 경제가 발전하여 먹고 살만 할수록 식품을 만드는 재미, 만드는 것을 먹는 재미나 먹어주는 재미, 음식을 먹을 때 나누는 정(情)이나 밥상머리 교육과 문화, 그리고 식품을 단순 영양성분 섭취하는 것이 아니라 건강을 생각하면서 먹는다는 것을 전혀 이해하지 못하고 단순히 음식을 약같이 생각하여 잘못 예측한 결과이다.

미래사회는 삶의 질을 생각하는 사회이다. 경제적으로 어려움이 없으면 누구나 삶을 건강하게 즐기고 싶어 한다. 특히 의료기술의 발달, 저출산 등으로 초고령화 사회가 도래하면 후세에게 우리의 삶과 경제를 맡길 수 없는 시대에 몸이 건강하지 않으면 의료비가 늘어나고 수입이 없는 경우 죽는 것 보다 못한 장수재앙(longevity disaster)이 도래할 수 있다고 본다. 즉 얼마나 오래 사느냐가 문제가 아니라 얼마나 건강하게 사느냐가 문제이다. 그래서 질병의 치료보다는 예방이 매우 중요하다. 이 질병의 예방에 가장 중요한 것이 식생활과 생활 습관(운동)이라는 것은 누구나 다 알려진 사실이다. 즉 미래시대에는 어떤 음식을 먹느냐가 건강장수에 매우 중요하다.

따라서 이러한 사회적 변화에 따라 식품에 대한 인식도 많이 바뀌어가고 있다. 특히 청장년 이상의 나이에서는 식품의 역할이 살기 위하여 먹는다는 것보다는 삶을 영위하기에 식품을 고르고 먹는다는 개념(food for life)으로 오래 전부터 유럽에서는 추구되어 식품산업을 크게 주목하고 있다.

많은 사람들이 식품에 대하여는 조금씩라도 모르는 사람이 없다. 조리, 영양, 제조, 안전, 건강 등 무슨 이야기 하나 정도는 다 할 수 있다. 그러나 식품 산업에 대하여는 정확히 아는 사람은 많지 않다. 대부분 저개발국가에서는 식품 산업이라면 농산물의 수확, 수확 후 처리, 유통, 물물교환, 요리, 외식 산업의 수준에서 인식되어 왔다. 산업화 되어가는 개발도상 국가에서도 식품은 대량, 편이 식품 생산의 일환으로 패스트푸드(fast foods)가 발달하였으며, 특히 공급이 우선시되는 시기에 식품 가공, 저장기술 등 생산 등으로 식품 산업이 인식되어 왔다. 그러나 식품 산업은 그리 간단하지만은 않다.

식품산업 시장은 농산물의 수확 후 관리기술을 포함한 외식시장까지 합하면 우리나라는 2008년도 현재 130조원 이상으로 추정되고 있으며, 세계 식품산업은 4.50조 달러(5,000조원 이상)로 추정되며 발전 속도는 연간 7-8% 정도로 성장하고 있다고 보고하고 있다 (Datamonitor, 2009). 이정도의 규모는 세계 자동차 산업과 비유되고 있을 정도로 시장이 크면 특히 고용유발 및 창출효과에서도 자동차 산업보다 크다고 보고 있다. 특히 세계 1위 식품기업 네슬레의 매출액은 삼성과 LG의 매출액을 합한 것과 비유되는 120조원(2007년) 정도로 매우 크다. 여기에 비하여 우리나라 CJ는 3조원 정도로 세계 100대 기업에 빠듯이 들어갈 정도이다. 이를 거꾸로 이야기하면 우리나라 식품산업의 발전 가능성과 영역은 매우 높다.

이러한 경제적 규모도 중요하지만 식품산업은 또 다른 중요한 가치가 있다. 흔히들 휴대폰이 사람의 문화까지 바꾸었다고 이야기하지만, 우리의 식품이나 식사문화가 세계에 수출될 때, 현지인의 문화를 이해를 하거나 그들의 문화를 바꾸지 않으면 힘들다고 한다. 그만큼 한 나라의 식품산업은 발전은 그 나라의 전통적 문화의 계승과 발전이 뒷받침되지 않으면 어렵다는 것이다. 즉 식품을 얼마나 수출하고 얼마를 버느냐가 중요한 것이 아니라 이 보다도 훨씬 문화적 가치가 있다. 세계적인 한류열풍에 우리나라 식품산업이 문화와 접목하여 발달한다면 그 가치는 수백조원의 경제적 가치가 있다고 볼만큼 식품산업은 아주 큰 미래성장동력산업이다.

특히 이와 같은 경제적, 문화적 가치가 큰 산업과 더불어 식품산업은 앞으로 삶의 질을 추구하는 미래시대에는 국민의 건강을 책임을 지는 산업으로 발전할 것이다. 즉 우리 몸이 식품에 의하여 생물학적으로 어떻게 건강을 유지하고, 어떠한 식품이 우리 몸 안에서 어떻게 작용을 하는지 아는 바이오지식이 우리 식생활을 바꿀 수 있을 것으로 보며, 이와 같은 바이오지식을 이용하여 산업화하는 핵심지식기반 산업으로 발전할 것이다. 이미 아일랜드, 네덜란드 등 선진국과 네슬레, 케리 등 글로벌 회사들은 식품산업이 바이오지식기반의 핵심산업이 될 것으로 예측하고 그 발전 전략을 추구하고 있다. 머지않아 이러한 사람의 생물학적 특성과 음식의 몸에 대한 건강작용을 기반으로 개인 맞춤형식품이 미래 식품산업의 핵심으로 발전할 것으로 예측하고 있다.

우리나라는 오래전부터 사람의 체질이라는, 생물학적으로 설명될 가능성이 높은 아주 훌륭한 바이오지식기반을 갖추고 있다. 또한 우리나라는 세계 어느 나라 보다 다양한 음식을 다양한 방법으로 만들어 먹고 있다. 사실 체질이라는 단어를 쓰면 자연과학자나 의사들은 비과학적이라고 알레르기 반응을 나타내지만 그렇게 거부감을 나타낼 일이 아니다. 다만 과학적으로 규명되지 않았을 뿐이지 틀리다고는 말할 수 없는 부분이 있기 때문이다. 서양에서도 체질과 비슷한 용어로 컨스티튜션(constitution)이란 단어가 있듯이 사람에 대한 체질을 분류하여 거기에 맞는 맞춤형식품산업은 바이오지식산업으로서 식품산업을 한층 극대화할 것으로 본다.

여기서 흥미로운 것은 체질은 대부분 유전적인 원인으로 선천적인 것으로 알고 있으나 (물론 선천적인 유전학이 틀린 것은 아님), 체질이 오랫동안 살아가는 환경과 식생활에도 기인하는 것으로 알려져 있다. 이러한 것을 후생유전학이라 하는 데, 흔히들 우리나라와 같이 채식을 위주로 하는 농경문화 민족과 몽골과 같이 오랫동안 유목 생활을 하면서 고기만 먹고 채식을 하지 않는 유목민족, 축산업이 발달하여 고기나 우유를 주로 먹어왔던 서양문화, 그리고 아프리카에서와 같이 걷는 운동을 많이 하는 민족들의 체질이 다르다고 볼 수 있는 징후들이 많이 나타나고 있다. 또한 옛날 오끼나와와 같이 바다로 둘러싸여 해산물을 주로 먹는 사람, 인도 등 열대지방에서 열대열매를 먹고사는 사람, 에스키모인들과 같이 고기를 주로 먹는 한대지방사람, 미국 인디언들과 같이 오지로 밀려나서 야생동물과 열매 등을 먹으며 아직도 그들 나름대로의 독특한 생활을 하는 사람, 일본과 같이 육식, 채식, 해산물을 다 좋아하는 사람들의 체질도 각각 과학적으로 연구하여 그들에 맞는 맞춤형식품을 개발하는 것도 미래 식품산업만이 할 수 있으며 우리나라는 그 장점이 많다.

우리나라 전통을 과학적으로 규명하고 이를 맞춤형 식품으로 승화할 때 우리 나라가 미래 맞춤형식품산업의 핵심 국가로 발전할 가능성은 매우 높다. 이러할 경우 우리나라도 삼성과 현대와 같이 세계 식품시장을 리드하는 기업이 식품 분야에서 나오지 말라는 법은 없다. 그만큼 우리나라는 미래 식품시장에서 주도권을 잡을 확률이 높다. 우리나라 문화 즉 의식주 문화 중 유일하게 살아 글로벌 세계에 진출하여 경쟁력이 있는 것이 식문화이다. 그만큼 세계적인 글로벌 브랜드 식품으로 발전가능성이 높다.

한 가지 더 주목해야할 것은 앞으로는 식품산업이 농업을 이끌 것으로 예측하고 있다. 즉 소비자의 선택 없는 막연한 농업생산

(farm to table)이 아니라 소비자의 식탁에서 요구하는 농업생산(fork to farm)만이 농업이 살길이라는 것이다. 즉 식품산업이 농업을 견인한다는 것으로 유럽에서는 21세기가 시작되자마자 이러한 전략을 추구해오고 있다. 미래의 식품산업은 식품산업 자체로서만 중요한 것이 아니라 문화적인 가치, 경제적인 가치, 국민 삶의 질 향상, 미래 농업견인 등 차원에서 매우 중요하다. 이러한 식품산업전략이 성공하여 농업을 견인할 경우 농식품 200억불 수출, 농식품산업 고용효과 200만명 창출시대가 머지않아 도래할 것으로 확신한다.

Chapter 3

전통과 식품 그리고 문화

청국장의 비밀

몇 년 전 청국장이라는 영어(chungkukjang)로 해외 과학 학술지에 논문을 낸 적이 있었다. 아마도 그 이전에는 어느 누구도 청국장이란 우리 이름을 갖고 해외에 논문이 낸 적이 없었다. 본인이 청국장이란 이름으로 해외 과학학술지에 처음으로 글을 실은 셈이다.

청국장은 우리 고유의 전통발효 음식

내가 논문에 처음으로 chungkukjang을 썼을 때, 논문을 심사하는 많은 외국 사람(reviewer)들이 '청국장이 무엇이냐?'하고 코멘트가 왔다. 그래서 답변하기를 콩을 삶은 다음 발효시킨 것이라고 하였더니, 그러면 'natto(納豆)하고 무엇이 다르냐?'하고 질문이 오더니 청국장은 *Bacillus subtilis* 등에 의한 복합미생물에 의한 자연발효이고 natto는 접종균 *Bacillus liqueniformis* 등을 단일 균을 접종한 발효라고 설명하였더니, 다시 지적하기를 그러면 'Korean natto라고 하지 왜 굳이 chungkukjang이라 하냐?' 하고 다시 지적해왔다. 외국인들이 natto에 대하여는 잘 알고 있으며, 학문적으로 연구가 잘되었지만 chungkukjang에 대하여는 학문적으로 거의 연구가 안되었기 때문에 natto가 원래 있었는데 이를 한국에서 변형한 것처럼 보이므로 '한국형 natto'라 하라는 것이다. 본말이 전도된 것이다. 만일 chungkukjang이 Korean natto라고 한다면 또 하나의 jinseng이 되는 것이다 얼마나 억울한 것일까? 한국의 청국장을 일본식으로 개량한 것이 natto인데 거꾸로 청국장이 어떻게 한국형 natto가 될 것인가? 이대로 가면 어떤 식문화 한다는 사람은 '고추가 일본에서 들어 왔다'고 거짓 주장하듯이 '한국의 청국장이 일본의 나또에서 왔다'고 주장하는 자가 또 나올까 두려웠다. 정말 식은땀이 났다. 그래서 심사자들에게 긴 답장의 글을 썼다. 창피하기는 하지만 "청국장이 한국에서 오래된 음식이고 이를 일본이 개량하여 세계에 먼저 보고하였기 때문이라고…… 따라서 natto가 오히려 '일본식청국장(Japanese chungkukjang)'이라 해야 한다." 이렇게 설득하여 국제 학술지에 chungkukjang이 처음 게재되기 시작하여 그 후로 우리가 몇 편의 논문을 더 내어 이제는 논문을 쓸 때 청국장하면 세계인들이 청국장을 그대로 받아들이는 정도로 알려지게 되었다. 그 때 만일 그들이 주장한 대로 natto 또는 Korean natto라는 이름을 받아 들였다면 jinseng(인삼), tofu(두부)와 같이 우리말을 잊어버리고 완전히 청국장도 일본식이름인 natto로 불리어졌을 것이다.

요즘 시중에 나오는 냄새안나는 청국장은 진짜 청국장이 갖고 있는 건강 기능이 없다.

그만큼 해외 학술지에 우리 전통음식을 제대로 알리는 것이 중요하다. 그렇다면 우리나라 다른 연구자들은 청국장에 대하여 연구를 하지 않았다는 것은 아니다. 많은 연구자들이 청국장 연구를 진행해왔지만 주로 청국장을 개량하는 연구 또는 청국장을 가지고 다른 형태의 식품을 만드는 것에 주력해왔다. 참고로 1990년대 이후 많은 연구자들이 냄새 안나는 청국장을 만드는 데 많은 연구비를 투자하였다. 그 결과 '냄새 안나는 청국장'이라는 이름으로 시중에 나오기 시작하였다. 냄새 안나는 청국장을 만드는 법의 근본은 종균분리, 냄새나는 물질 규명, 냄새나게 하는 유전자 분석, 종균개량 등에 과학적인 기반에 초점을 맞추어 연구가 진행되어야 함에도 불구하고, 당장 냄새 안나는 청국장을 급하게 만드는 데 치중하다보니 결국 발효온도를 낮게하거나 발효시간을 줄이는 것으로 결국 청국장이 충분히 발효되지 않게 하는 것으로 냄새안나는 청국장을 개발하였다. 즉 전통적인 방식으로 청국장을 발효시키지 않고 거의 콩이 삶은 콩 수준의 제품이 탄생한 것이다. 최근 실험 결과를 보면 냄새안나는 청국장은 냄새가 약간 덜나지만 전반적으로 전통적인 청국장을 만들 때 생기는 발효 대사산물(미생물이 콩을 이용하여 발효할 때 새로운 대

사물질을 일컬음)은 거의 나오지 않는다는 것을 알 수 있다. 청국장 냄새가 안난다는 것은 청국장을 거의 저온에서 짧게 만드니까 발효가 거의 진행이 안되어서 냄새도 나지 않는다는 것이다. 이는 진정한 우리 고유의 청국장은 아닌 것이다. 더욱이 발효가 진행되지 않았기 때문에 전통 청국장이 갖고 있는 항비만 효과, 신경세포 보호효과, 항암효과 등도 당연히 크게 나타날 리가 없다. 즉 냄새 안나는 청국장이란 것이 단순히 콩을 삶아 낮은 온도에서 몇시간만 발효되어 청국장 맛만 약간 나게 방치한 것에 불과한 것이다.

청국장을 재대로 세계에 알리는 것이 중요하다.

결국 조상들이 우리에게 가르켜준 지혜와 전통을 우리 후손에게는 잘못 가르켜준 꼴이 되고 만 것이다. 발효는 충분히 시키고, 건강기능을 다 갖고 있으면서 냄새도 안나는 청국장을 만들 수 있는 과학이 필요하다. 이제는 과학을 벗어난 제품 개발보다도 우리 것을 제대로 세계에 알리는 것이나 우리 전통식품의 과학적인 재발견이 더 중요하고 우선되어야 한다고 본다.

〈Food&Life, 2012.8 세계 식품과 농수산, FAO 한국협회〉

농경문화와 식품

농업을 영어로 농생산(agri-production)이나 농업(agri-industry)이라고 말하지 않고 농경문화(agri-culture)라고 말한다.

흔히 많은 사람들은 농업이 아주 오래된 산업으로 생각하고 있다. 그러나 사실은 농업이란 산업은 그리 오래된 산업이 아니다. 원래 산업화 시대 이전에는 농산물(식량)을 생산하고 파는 농업(비즈니스)은 따로 없었으며, 농사를 짓는 것을 업으로도 하지 않았다. 다만 농사를 짓는 것은 자연의 섭리와 변화에 순응하여 사람이 살아가기 위한 하나의 풍습이었고 절차였다. 거기에는 풍류와 문화가 있었다. 따라서 서양에서 이야기하는 농경문화(agri-culture)가 농업의 진정한 표현이라고 생각된다. 그런데 이러한 농경문화가 산업화 시대에 이르면서 물물교환 차원을 넘어서 농사를 짓고, 농산물을 사고파는 형태로 바뀌면서 농업이라는 비즈니스가 생겨난 것이다. 전체 농경역사를 1년 365일이라 하면 농업이란 산업이 발생한 것은 크리스마스를 한참 지나 제야의 종소리가 울리는 12월 31일 밤 11시 55분 정도이지 않을까? 생각된다. 그전 즉 364일 23시 55분은 실로 농경문화의 역사이고, 나머지 5분 정도만 농업시대이다. 그런데 우리는 5분정도 밖에 안되는 농업만 기억하면서 실로 오래된 365일 동안의 농경문화의 가치는 잊어버리는 경우가 많다.

이러한 농경문화에 항상 함께했던 것이 식(食)문화이다. 물론 의(衣)문화나 주(住)문화도 농경문화와 같이 하였지만 주로 식문화가 농경문화와 항상 같이 하였고, 농산물 생산뿐만 아니라, 사람의 생로병사, 희노애락에 항상 식문화가 같이 있었다. 사람이 살아가고 이웃과 정(情)을 나누고 먹을 것을 같이 생산하고, 절기와 절차를 지키고 명절을 지내는 데 식문화가 농경문화의 한가운데 있었다. 다시 말하면 음식을 만들고 먹는 데에도 절차와 풍류가 있었다. 그리고 그 안에는 정이라는 문화와 발효라는 과학이 대표적으로 있었다.

어느덧 우리나라도 식품산업이 대량생산, 기술개발 단계의 수준을 훌쩍 지나와 버린 느낌이 든다. 우리나라 식품산업 발전이 생산이 문제가 되거나 기술이 없어서, 아니면 식당을 차릴 돈이 없어서 식품산업이 발전 안 되는 시기는 아니다. 불과 몇 십년 전만 하여도 생산이 못 따라와서, 제품을 못 만들어서 돈을 못 벌었을(식품산업을 못 발전시켰던)때도 있었다. 당시에는 시장 통 안에 식당하나 낼 돈만 있었으면 자식들 다 교육시키고 시집장가다 보냈다. 그러나 이제는 판매전략 없는 생산, 경쟁력 없는 제품, 손님 없는 식당은 곧 망하는 길이 되고 말았다. 적어도 우리나라에서의 식품산업발전에 있어서는 생산, 기술, 자본이 크게 문제가 되지 않는다. 그러면 우리나라 식품산업 발전에 무엇이 문제가 된다는 것인가? 가격과 생산보다는 오로지 브랜드와 가치이다. 세계 G10 국가에 들어선 우리나라는 식품산업이 생산, 이익창출, 기술개발보다는 가치창출이 국가 아젠다가 되어야 한다.

정말 우리나라 식품산업에서 중요한 브랜드와 가치를 어떻게 무엇으로 창출할 것인가를 진지하게 고민할 때가 온 것이다. 우리나라는 전체 농경역사에서 지난 365일의 농경식문화가 있다. 자꾸 5분도 안되는 농업에서 가치를 찾으려 하기보다는 농경식문화에서 가치를 찾아야 한다.

그러면 이 가치라는 진주를 어디서 어떻게 찾아야 할 것인가?

이 문제는 우리나라 식품산업 그리고 식품업체가 겪고 있는 당면한 문제이다. 그런데 많은 기업들이 가치창출에 대하여 인식도 못하고 있으며 그저 제품개발, 생산, 가격에 매달려 있다. 심지어 국가에서도 이를 깊게 인식 못하는 것 같다. 그러면 그 가치를 어디에서 찾을 것인가? 다행히도 우리는 전통식품에 대한 조상의 지혜, 농경문화, 식문화라는 세계 어느 나라에 비하여도 뒤지지 않은 훌륭한 보고(寶庫)가 있다. 여기서 그 가치를 찾아야 한다.

다만 가치를 찾는 방법이 과학적이어야 글로벌 세계에서 통한다. 과학과 지식이 힘이다. 여기에 식품과학이 있는 이유이다.

〈식품외식경제, 2011.03.04〉

한국인의 밥상
- 단순한 먹을거리가 아닌 우리나라가 먹고 살거리 -

우리나라 국민 각자가 좋아하는 TV 프로그램이 있다. 저마다의 취향과 성격에 따라 선호하는 프로그램이 여러 가지가 있겠지만 내가 가장 좋아하는 프로그램 중 하나는 한국방송공사(KBS TV)에서 방영되는 '한국인의 밥상'이다. 그 이유는 최불암 선생이 프로그램을 진행하는 형식이 신선하기도 하지만 프로그램의 내용이 탄탄하고 소개되는 음식들이 군침 넘어가도록 맛있어 보이기 때문이다. 또한 유명한 맛집을 소개하는 종래의 프로그램과 달리 우리나라 전통밥상뿐만 아니라 유명한 그 지방의 전통음식에 관련된 유래나 상황까지 소개해주어 식품을 연구하는 사람에게는 더할 나위 없이 좋은 프로그램이라고 할 수 있다.

그런데 이 프로그램에 대해 아쉬운 점을 말하려 한다. 프로그램 자체가 아쉽다는 것이 아니라 이런 좋은 프로그램을 기획하는 것이 쉽지 않을뿐더러 비용도 적잖게 들어갈 것인데 프로그램 제작시 식품과학적인 측면부터 문화적인 측면까지 모두 염두에 두고 채집, 분석, 기록, 보존작업을 하면 다양한 관점에서 볼 때 또 다른 새로운 가치를 발견할 수 있을 것 같은데 그러지 못해 아쉬움이 남는다.

세계로 나아갈 수 있는 한국의 밥상문화 콘텐츠를 확보하는 일은 매우 중요한 것이다. 이는 연구소나 대학같은 한 개의 독립기관이 하기에는 쉽지 않은 작업으로 방송사와 같은 큰 기관과 융합하고 협력할 때 효과를 크게 볼 수 있다.

각 민족은 오랫동안 자기들 나름대로 독특한 문화를 갖고 있다. 세계적으로 유형문화재를 잘 보존하여 관광자원으로 활성화시켜 관광이 국가 재정의 큰 축을 담당하는 국가도 많다. 이들 국가는 조상을 잘 만나서 먹고 사는 문제가 해결되는 것 같아서 이런 국가를 볼 때 우리네 입장에서는 부러울 때가 많다. 우리나라에는 많은 관광객을 끌어 들일 수 있는 유형문화재가 많지 않다. 안타깝게도 그 이유는 유형문화재가 존재하지 않았다기보다 보존을 제대로하지 못했기 때문이라는 점을 생각하면 아쉬움이 많이 남는다. 유형문화재는 어쩔수없는 경우라고 치면 무형문화재는 어떠한가? 전통 제례, 혼례, 풍습부터 농악, 국악, 음식, 예술, 미술, 무예까지 다양한 무형문화재들이 존재한다.

우리나라의 무형문화재는 상당히 다양한 편이고 세계문화로의 발전가능성이 매우 높은 편이다. 그러나 이에도 불구하고 이들이 소홀히 여겨질때가 적지 않다. 무형문화재 중 어느 하나 중요하지 않은 것이 없는데, 최근 산업화 과정에서 우리나라는 당장의 먹고 사는 문제가 시급했기 때문에 많은 문화재들을 돌볼 겨를이 없었다. 그 중에서도 특히 식문화는 항상 식품을 떠올렸을 때 경제적 관점과 논리적 측면으로 농산물의 생산과 공급에 대해서만 논의되어 우리가 갖고 있는 많은 식문화적 가치를 잃어버린 결과를 초래하게 됐다.

식품산업에서는 기술과 제품만 필요하고 문화와 지식(전통지식)은 필요치도 중요치도 않은 줄로만 알았다. 그러나 최근에는 식품에서 전통의 힘과 문화적 가치의 중요성이 서서히 인식되고 있다.

우리나라를 대표하는 식문화가 바로 밥상문화라고 말할 수 있다. 예부터 사람의 됨됨이는 밥상머리 교육부터 시작된다고 이야기해 왔듯이 밥상머리 교육을 포함한 밥상문화는 매우 중요하게 여겨져 왔다. 밥상문화라고 해서 가볍게만 여길 것이 아니라 기본교육부터 예절, 전통까지 고스란히 묻어나는 문화 자체를 귀히 여겨야 한다.

따라서 우리나라 밥상문화를 발굴하고 보존하는 것은 매우 시급하고 중요하다고 생각된다. 우리나라 음악(민요)을 채보하고 수집하고 기록하려고 오래전부터 노력해왔던 것을 귀감으로 받아들여야 할 것이다. 우리 밥상문화를 지키고 이어온 어르신들이 이제 그리 많지 않다는 것을 생각할 때 시급히 정부가 나서야 할 때라고 본다. 유형문화재가 많음에도 불구하고 많이 보존되지 않은 우리나라에서 한국인의 밥상과 같은 콘텐츠는 단순한 먹을거리(foods)를 소개하는 것이 아니라 우리나라가 먹고 살거리(growth engine)를 소개하는 것이기 때문이다.

〈식품외식경제, 2012.02.13〉

나가는 식문화

- 새해에는 우리 식문화 수출의 원년으로 하자 -

흔히들 3대 주요문화라 함은 의식주(衣食住)라 한다. 아마도 옛날에는 먹고 입고 자는 것이 전부가 되어 문화하면 의식주로 대표되지 않았는가 싶다. 그런데 자세히 보면 의(衣)와 주(住)는 주로 사람이 움직이지 않은 정적 문화이고, 식(食)문화는 우리가 살아가면서 살아가기 위하여 먹는 것으로 또는 먹기 위하여 만드는 것으로 대표되는 문화이다. 관혼상제로 대표되는 생명 탄생과 혼인 등의 잔치, 장례와 제사에서 항상 중요시 여기는 것이 식문화였다. 그리고 농경문화로 대표되는 파종, 수확 등 절기[명절]와 세시(歲時)문화의 핵심에도 식문화가 중심에 있었다.

이 식문화에 가무와 굿이 곁들어 지면서 음주가무 문화가 탄생하고 그 핵심에 춤과 음악이 있었다. 몇 년 전부터 이러한 식문화와 음악(k-pop)이 한류(韓流)를 주도하는 것을 보면 과연 식문화를 기반으로 하는 한류의 힘이 얼마나 큰지 알 수 있다. 아무튼 춤과 음악으로 대표되는 문화는 생존의 문화가 아니라 삶의 문화로 고전적인 3대 기본문화 즉 의식주문화에는 포함되지 않은 이유가 여기에 있다고 본다. 이 의식주 문화 중 가만히 들여다보면, 말하기 조심스럽기는 하지만 가장 우리 문화를 많이 간직하고 아직도 살아 있는 문화는 식문화뿐이라고 말할 수 있다. 어떻게 보면 의(衣)문화는 특별한 행사를 제외하고는 평상시에는 편의성 때문에 거의 서양문화에 점령당했다고 말할 수 있고, 주(主)문화도 거의 서양화되었다고 말해도 큰 과언은 아닌 것 같다. 요즈음 이런 의주(衣住)문화를 살리려고 많은 분들이 노력하고 있지만 이미 우리나라 국민 대다수가 아파트 문화에 젖어 있고 한옥, 한복은 우리 실생활문화와 거리가 상당히 멀어져 가고 있음을 부인할 수 없다.

그러면 식문화는 어떤가? 식문화는 삶과 연결된 농경문화로 아직도 서양화에 점령되지 않고 우리 문화를 꿋꿋이 지키고 있다. 역설적으로 보면 그만큼 식문화는 아주 보수적이라고 말할 수 있다. 결국 식문화만이 서양화, 산업화의 물결 속에서도 도도히 그 흐름을 유지하고 있다. 그 이유는 무엇일까? 먼저 의주 문화는 생활의 편리성과 효율성을 따지는 문화이기 때문에 서양의 문화에 경쟁에서 밀리기 쉽지만, 식문화는 정신과 정(情), 삶과 의례(儀禮)를 담고 있고 농경문화를 담고 있기 때문에 쉽게 바꿀 수 없는 것이다. 이러한 이유로 우리의 식문화가 가장 보존이 잘되어 있으면서 살아 움직이는 것이다.

그러면 이러한 식문화는 앞으로 어떠할 것인가? 내가 보기에는 우리 식문화는 세계에 나아갈 수 있으며 살아서 움직일 것으로 확신한다. 왜냐하면 우리 식문화는 세계 어느 식문화에 비하여 풍부한 역사와 그 스토리가 있으며, 최근에 발견되고 알려지기 시작하였지만 세계 어느 나라 식품에 견주어도 뒤지지 않을 과학적인 건강기능성이 있기 때문이다. 최근에는 한식에 대하여 제조과정 중에 조상들의 지혜에 대하여 과학으로 규명이 되고 또한 건강측면에서 과학적인 증거가 많이 발견되는 연구가 꾸준히 진행되고 있으며 이에 대한 많은 연구결과가 나옴으로 식문화의 세계로의 수출은 아주 고무적이라고 볼 수 있다.

이러한 농경문화에 항상 함께했던 것이 식(食)문화이다. 물론 의(衣)문화나 주(住)문화도 농경문화와 같이 하였지만 주로 식문화가 농경문화와 항상 같이 하였고, 농산물 생산뿐만 아니라, 사람의 생로병사, 희로애락에 항상 식문화가 같이 있었다. 사람이 살아가고 이웃과 정(情)을 나누고 먹을 것을 같이 생산하고, 절기와 절차를 지키고 명절을 지내는 데 식문화가 거기 있었다. 다시 말하면 음식을 만들고 먹는 데에도 절차와 풍류가 있었다. 그리고 그 안에는 정이라는 문화와 과학이 있었다. 더군다나 한류의 힘을 보면 더욱 그럴 것 같다. 이러한 식문화의 진출은 우리 식품의 세계수출 및 세계화에 원동력으로 작용할 것이다.

그러나 이는 결코 쉽지는 않을 것이다. 왜냐하면 앞에서 언급한 바와 같이 각 나라는 그들만의 고유의 식문화를 갖고 있으며 그들 식문화에 대하여는 매우 보수적이기 때문이다. 또한 다른 문화와 같이 식문화는 강요할 수 없다. 그렇지만 우리가 한류와 문화와 건강으로 나간다면 식문화의 진출은 매우 긍정적이라고 볼 수 있다. 진정한 문화 정복은 식문화 정복없이 불가능하기 때문이다.

2012년은 식문화 수출의 원년으로 하자. 이러한 식문화 진출 전략이 성공하여 식품산업을 견인할 경우만이 정부가 목표로 하는 농식품 200억불 수출, 농식품산업 고용효과 200만 명 창출시대가 도달될 것이다.

〈식품외식경제, 2012.01.09〉

비빔밥과 골동반(骨董飯)

우리나라가 세계의 경제, 문화, 산업의 중심권에서 활동하면서 세계인들이 우리나라 음식에 접해볼 기회를 많이 갖고 또한 기능성이 알려지면서 우리나라 음식에 대한 관심이 증가하고 있다.

우리나라를 대표하는 몇 가지 음식이 있다. 불고기, 비빔밥, 김치, 고추장 등이 이에 해당된다. 특히 요즘은 많은 외국 사람들이 우리나라 식품에 대한 역사나 스토리(story)에 대하여 많은 관심을 갖고 있으며 이에 대하여 알고 싶어한다.

이러한 요구에 부응하기 위해서는 정확한 역사와 스토리가 알려져야 하는데, 우리나라 식품에 대하여 잘못 알려진 것들이 많다.

그 중 '비빔밥은 골동반(骨董飯)에서 왔다'고 잘못 주장하는 사람들이 있다. 이는 앞의 연재에서 본인이 언급한 바와 같이 김치의 어원이 침채(沈菜)라니 고추의 어원은 고초(苦椒)라는 잘못된 이성우 씨 주장과 다를 게 없다.

특히 한국학중앙연구원 주영하 씨의 '비빔밥의 진화와 담론' 연구에서 비빔밥이 알려진 것은 1920년대라고 하고 전주비빔밥이 전국에 알려진 것은 1980년대 이후라고까지 하는 등 터무니없는 이야기를 하고 있다.

또 그는 우리나라의 김치의 역사가 100년 밖에 안된 것이라고 주장, 우리나라 전통식품의 역사를 심히 왜곡하기도 하였다.

비빔밥에 관한 문헌이 처음 나오는 것에 대해 주영하 씨는 '비빔밥의 진화와 담론 연구'에서 1890년 '시의전서(是議全書)'에 처음 나온다고 주장한다. 그러나 그의 주장과는 달리 1800년대 초의 이규경(李圭景)의 '오주연문장전산고(五洲衍文長箋散稿)'에 12가지의 다양한 비빔밥이 소개되고 있다.

그리고 '홍재전서(弘齋全書)'(1799~1801)에서도 비빔밥이 골동반(骨董飯)으로 소개되고 있다. 즉 이 때에도 백성들은 이미 다양한 형태의 비빔밥을 먹고 있었다는 것이다. 그 이전에도 비빔밥을 소개한 문헌은 조선 중기 박동량(朴東亮 1569~16 35)이 쓴 '기재잡기(寄齋雜記)(1591~1592년 일기)'에서도 나온다. 여기에는 비빔밥이 혼돈반(混沌飯)이란 기록이 나온다. 그리고 19세기 후(1800년대말)의 '시의전서'에 비빔밥을 골동반(汨董飯)과 부뷤밥으로 동시에 기록하고 있다. 이것을 보면 주영하 씨의 주장은 좀 더 심도 있게 공부하지 않은 결과라고 볼 수 있다.

그러면 옛 기록에 비빔밥을 골동반이라고 기록하였다고 해서 옛날에 비빔밥을 골동반이라고 불렀을까? 물론 이성우씨와 주영하씨는 그렇다고 주장 할 것이다.

그러나 이는 대단히 선부른 주장이며 우리말을 하는 사람과 이를 기록하는 이의 표현의 괴리를 이해하지 못하고 무조건 한자를 추종하는 사람들의 주장일 뿐이다.

그러면 비빔밥을 왜 골동반 또는 혼돈반으로 기록하였을까? 당연히 그 시대에는 말하는 사람들은 '부뷔움밥', '부뷤밥', '비빔밥'이라고 하였어도 이것을 기록하는 사람들은 '비벼서 먹으니까' '부뷔움 동(董)'자를 이용하고, 중국에서도 비벼서 먹는 음식이 골동갱(骨董羹)이란 글로 '성리대전(性理大全)'(1415년)에 나오니 '비벼먹는 밥'이라는 뜻으로 그 의미를 살려 '골동반'으로 표기하였을 것이다. 또 어떤 이는 나물을 섞어서(비벼서) 먹는 개념으로 '혼돈반'으로 표기하였을 뿐이다.

즉 골동반이나 혼돈반 어느 것으로 표기 되었던 간에 백성들 사이에서는 비빔밥은 부뷔움밥 또는 부빔밥으로 불려졌고 인식되어 왔다. 그 시대에는 이미 세종대왕이 우리 글을 만들어 놓았음에도 불구하고 우리말 그대로 쓰는 것은 무식하고 천민이 쓰는 것으로 인식되고 한자로 쓰는 것은 배운 양반들이 쓰는 것으로 당연히 인식되었기 때문이다. 따라서 비빔밥의 어원은 골동반이라는 주장은 정말 터무니없고 어처구니 없을 뿐이다.

마찬가지로 김치의 어원은 딤채로 불리었음에도 딤채[菹]가 아니라 침채(沈菜)라니, 고추의 어원은 고쵸(椒)가 아니라 한자 고초(苦椒)라는 주장들은 잘못된 주장이며 시급히 고쳐야 할 부분이다.

요즘은 세계 어느 나라에 가든지 그 나라 고유의 음식이 있고 그 역사가 있다. 아무리 역사와 스토리가 중요하더라도 과학적이지 않은 잘못된 정보를 만든다든지 또한 그들 주장에 부화뇌동하여 진실을 잃어버린 사태가 오지 않길 바란다. 그리고 이러한 잘못된 정보를 바로 잡는 것이 한식 세계화의 일환이다.

〈식품외식경제, 2011.12.09〉

우리말과 우리 식문화

- 우리말에만 우리 식문화의 혼이 깃들어 있다 -

2011년 8월 31일 국립국어원은 그동안 표준어로 인정하지 않았던 '짜장면' 표기를 '자장면' 표기와 함께 표준어로 인정한다고 밝혔다. 우리 정서와 문화는 아무래도 짜장면에서 잘 표현된다.

말의 옳고 그름을 떠나서 우리는 우리말 하나하나에 우리의 정서와 문화가 담겨 있음을 알 수 있다.

최근 나는 여러 지면에서 우리말의 의미가 잘못 전달되는 기사를 많이 보았다. 김치의 어원이 한자어 '沈菜(침채)'라고 하는가 하면 무의 어원은 '蕪(무)'이고, 돈의 어원도 刀[칼도]이고, 요즘 한참 아름다운 꽃을 피우고 있는 배롱나무의 어원도 한자어 '百日紅(백일홍)'이라고 주장한다.

이러한 주장은 아무런 근거가 없는 주장들이다. 다만 이러한 주장을 하는 사람들의 공통점은 우리말의 중요성을 잘 모르거나 그 뜻을 무시하고 한자를 더 선호하고 맹신한다. 본인은 "고추이야기"라는 책에서 고추는 우리말 '고쵸'에서 왔고 김치도 우리말 '딤치(짐치)'에서 왔다고 주장하였다.

우리글이 없었을 때는 우리가 즐겨 애용하는 고추라는 사물을 기록할 때 한자를 빌어서 '椒[고쵸초]'로 표기하였으며, 백성들은 대부분 글을 쓸 줄도 읽을 줄도 몰라도 말로는 '고쵸'라고 불렀다. 그러다가 한글이 창제되어 '고쵸'라고 한글로 쓰니까 한자를 좋아하는 사람들에 의하여 한글 '고쵸'에 맞게 한자 '苦椒'로 표기하였을 뿐인데 고추의 어원이 마치 한자어 '苦椒'인 듯이 황당무계한 설을 퍼뜨리고 만 것이다.

김치도 마찬가지다. 백성들은 김치를 담가 놓고 '딤치'라고 불렀다. 그리고 기록의 필요에 의하여 한자어 '菹[딤채저]'로 표기하였을 뿐이다. 한글이 창제되고 김치를 딤채로 부르니까 한자를 좋아한 사람들이 우리말 '딤채'의 음을 빌어 이와 비슷하게 '침채(沈菜)'라고 한자어를 만들었을 뿐이다(한자를 사용하여야 배운 사람으로 취급받던 시대니까).

참고로 한자어는 뜻글자이기 때문에 사물에 대하여 새로운 글자가 필요하면 항상 조어(造語)를 해나간다는 사실을 잊지 말아야 한다. 예를 들면 중국에서는 우리나라에 있는 도깨비라는 귀신의 개념이 없었기 때문에 중국인에게 도깨비를 설명할 때 귀신 '귀(鬼)'로 표현하였더니 맞지 않으므로 나중에 중국인은 우리말의 뜻과 소리에 맞게 '도귀비(盜鬼飛)'라고 쓰자고 했다고 한다. 그래서 중국에서는 도깨비[盜鬼飛]하면 '날아다니고 이상한 짓을 하는 조선의 귀신'이라고 한다. 여기서 우리말을 업신여기고 한자에서 우리말이 왔다고 주장하는 학자들은 도깨비의 어원이 '盜鬼飛'에서 왔다고 주장하는 상황이 오지 않는다고 누가 장담할 것인가? 현재 김치가 한자어 '침채(沈菜)'에서 왔다고 주장하는 사람은 우리나라 배추, 무가 한자어 '白菜(백채)'와 '蕪(무)'에서 왔다고도 주장한다. 어안이 벙벙할 따름일 뿐이다.

김치가 한자어 '沈菜(침채)'에서 왔다는 것과 같이 이러한 주장들은 우리나라의 식문화 정신과 혼을 빼앗는 일이다. 예를 들면 '무'는 고어에 '무수, 무시'(지금도 일부 지방에는 무시, 무수가 사투리로 남아 있다)에서 '무수, 무ᅀᅵ'로 변하면서 표준어로 '무수'로 통일되고 이 무수가 '무우'로 가면서 옛문자(△)가 사라지고 그 다음에 단모음화 현상으로 '무'로 변하여 간 것인데, 현대의 '무'라는 글자만 보고 '무'의 어원은 사대주의적 발상에서 한자어 '蕪(무)'에서 왔다고 주장한다. 이는 참으로 우리의 문화와 혼을 왜곡하는 슬픈 주장이다. 왜 우리말이 중국의 한자에서 와야 하는가? 우리말은 중국어와 계통(알타이어)이 다르다. 따라서 우리말은 중국 한자에서 오지 않았다. 그렇기 때문에 우리에게는 중국에 없는 김치, 고추장, 청국장, 도깨비와 같은 고유의 우리의 말과 문화가 있는 것이다. 다만 고유의 우리말을 한자를 빌어서 기록하였을 뿐이다.

굳이 검은 딸기를 복분자로, 검은깨를 흑임자로 밀가루를 소맥

분으로 표현해야 할 것인가? 이렇게 더 나아가다 보면 검은 딸기는 '覆盆子(복분자)'에서, 검은깨는 '黑荏子(흑임자)'에서, 밀가루는 '小麥粉(소맥분)'이라는 한자에서 어원이 나왔다고 엉터리 주장을 하는 사람이 꼭 나오게 마련이다. 그렇게 방치하게 되면 우리 조상들의 혼과 얼이 깃들여 있는 우리 문화와 역사를 되찾기 힘들고 잃어버리기도 쉽다. 배운 사람일수록 더욱 우리말을 세내로 알고 아끼고 사랑하여야 한다. 그것이 우리 식문화를 계승 발전시키는 길이다.

식품산업에서 콘텐츠의 중요성

- 글로벌 소비자가 원하는 콘텐츠가 필요하다 -

얼마 전 필자는 모처럼 만에 남도 여행을 다녀왔다. 남도하면 무엇보다도 떠오르는 것이 아름다운 바다 풍경, 노래와 음식, 또한 그에 따른 역사의 아픔이 주마등처럼 지나간다.

우리는 역사의 아픔 속에서도 항상 마음에 깊숙이 자리 잡고 뭉클하게 하는 것이 이순신 장군이 왜군을 물리친 역사이다. 그 질곡의 역사 속에서도 당시의 이순신 장군의 승전역사는 현재 우리 민족의 자부심을 항상 일깨워 주고 있고 세계화의 경쟁 속에서도 우리가 살아남을 수 있다는 자신감을 심어주는 원동력이 되기도 한다.

여러 분야에서 그 자신감을 바탕으로 우리나라는 세계시장에서 경쟁하고 또한 경쟁력을 확보하고 있지만, 그 중에서도 나는 항상 우리나라 음식과 그 산업이 세계의 무한한 경쟁 속에서도 살아남아 세계인의 마음을 사로잡을 분야 중에 하나임을 확신한다.

그런데 현재의 정책으로는 이 무한한 잠재력을 발견하지 못하고 오히려 우리나라 음식의 장점을 없애버리는 결과를 초래하고 있다. 이러한 잘못된 정책의 예를 들면 대표적으로 우리나라 식품에 서양요리를 접목하는 국적 없는 퓨전화, 우리나라 식품의 표준화, 식품개발 정책, 식품기술개발과 지식재산권(특허)화 등을 들 수 있다.

대표적인 것이 식품의 표준화 사업이다. 산업화시대적인 관점에서 보면 우리나라 음식은 조리하는 데 걸리는 시간과 먹는 데에 걸리는 시간이 분명 산업화에 장애 요소다. 그렇기 때문에 소위 신기술(서양기술)을 도입해 표준 레시피 개발, 표준 공정, 표준 영양섭취 등 표준화를 우리나라 모든 음식, 술, 된장, 간장, 고추장, 김치 등에 확대하려고 한다. 이러한 정책은 산업화, 개발시대에는 분명 맞는 정책이라고 볼 수 있다.

그러나 현재 우리가 살고 있는 우리나라는 개발시대, 산업화시대를 사는 것이 아니다. 지금은 개성의 시대, 삶의 질 시대, 소위 로하스(LOHAS·life style of health and sustainability)에 살고 있다. 어떻게 하면 밥 먹는 시간을 줄여 일하는 시간을 늘리느냐의 측면, 즉 산업화의 관점에서 보면 우리나라 식품은 세계적인 경쟁력이 없다. 이러한 관념을 버리지 못하니까 우리나라 식품이 세계의 일류 상품으로서의 무한한 잠재력이 있음에도 그 실체를 보지 못하고 있다.

역으로 로하스 시대에는 우리나라 음식의 단점이었던 것, 음식을 만드는데 많이 걸리는 시간, 음식을 먹는데 걸리는 시간 등도 장점이 되는 시대이다. 물론 여기에는 사람의 마음을 사로잡는 콘텐츠가 있어야 되는 것이 전제 조건임은 물론이다.

서양인들은 우리나라 사람들과는 기본적으로 다른 사고방식을 갖고 있다. 동양인들의 사고방식과 다른 분석적인 사고방식이다. 그렇기 때문에 우리나라 식품을 세계화, 특히 서양인을 대상으로 세계화시키려면 그들의 분석적인 사고의 영역에 감동시킬 수 있는 콘텐츠가 있어야 한다.

식품산업 콘텐츠의 핵심은 스토리텔링(storytelling)과 그것을 증명할 수 있는 과학적인 증거(scientific evidence)이다. 스토리텔링하면 꼭 역사적, 문화적 스토리텔링만 생각하는 데 꼭 그것만은 아니다. 물론 역사적, 문화적, 지리적 스토리텔링도 중요하다. 서양바이어들은 거기다가 우리나라 식품의 제조, 공정과정 중에 물질의 생성, 음식성분의 변화, 특히 발효식품과 같은 슬로우푸드(slow food)와 같은 경우 발효과정 중에 어떤 성분이 어떻게 변화하고,

어떻게 적용하는 지에 대한 스토리텔링과 더 나아가서는 이러한 음식의 무엇이, 어떻게, 왜 몸에 좋은지 등 기능성을 분석적 즉 과학적으로 설명할 수 있는 스토리텔링을 요구한다.

많은 사람들은 콘텐츠에 있어서 과학적인 증거는 식품의 건강 기능성에 대하여만 필요한 것으로 착각한다. 그러나 과학적인 증거는 역사적, 지리적, 문화적인 스토리텔링에도 반드시 필요하며 더 중요하다. 본인이 수년 동안 만나본 식품산업의 현장에 있는 기업가들이 한결같이 하는 이야기이기도 하다.

소비자가 원하는 콘텐츠가 스토리텔링이며 과학적인 증거가 절실한데, 이 콘텐츠가 없다. 우수한 전통식품을 발굴하고 그 비법을 알아내고 보존하며 이를 과학적으로 스토리를 만들어 계승 발전시키는 것이 무엇보다도 중요하다. 이번 남도 여행에서 얻은 매우 절실하고 시급한 결론이다. 이러한 전통적인 비법을 가진 분들이 세상을 하나하나 떠나고 있기 때문에 더욱 아쉬웠다.

〈식품외식경제, 2012.12.18〉

미국과 식품 발달사

- 전통기반 중요성과 효율경제의 재앙 -

많은 사람들이 미국에서 공부를 하고 돌아와 한국에서 활동하고 있다. 대부분 우리나라에서 큰 역할을 했던 사람들은 1960~70년대에 미국으로 건너가 선진기술과 문화를 접하고 이를 우리나라에 접목시켜 나라와 사회를 발전시켜 왔음을 부인할 수 없다. 학문적 영역, 경제적 영역 등 대부분의 영역에서 국가에 공헌한 바가 크지만 몇 몇의 영역에서는 그들이 가끔 실수 하는 경우를 본다.

그들이 흔히 실수하거나 적응하지 못한 부분이 예절문화와 식품분야이다. 산업, 경제, 의류, 주거, 기술, 교통, 음악 등 다른 부분들은 대체로 미국에서 배운 그들의 철학 및 의식과 비슷하게 받아 들여져 발달하며 움직이고 있으나 유독 음식과 식문화만 그들의 요구와 바람대로 바뀌지 않아서 적응하지 못하는 경우를 종종 보았다. 그만큼 식문화나 예절 문화가 쉽게 바뀌지 않음을 알 수 있다. 아마 그들의 기억 속에서 우리나라의 식품, 예절, 식문화가 미국으로 떠나기 전 상태에서 정지되었다고 볼 수 있을 것이다. 그들이 떠나기 전인 1960~70년대의 우리나라 음식과 식품

문화가 어떤 것인지 짐작이 간다. 아마도 그래서 그들은 우리나라 식품과 식문화를 개선과 변화의 대상으로 생각하고 있어서 미국의 식품과 식문화를 접목하는 일에 많은 노력을 기울였을지도 모른다. 그러나 어떻게 보면 불행 중 다행인지 모르지만 우리나라 식품과 그 문화는 그들이 바라는 대로 많이 변화하지는 않았다. 음식의 안전에 관한 것은 놀랄 정도로 진보하였지만, 우리가 먹는 음식과 문화는 그렇게 쉽게 바뀌는 것이 아님을 다시한번 확인할 수 있다.

그러면 미국의 식품 발달사는 어떤가? 엄밀히 말하면 미국의 역사 자체가 짧기 때문에 미국의 식품 발달 역사를 논하는 것 자체가 그리 타당하지 않다고 볼 수 있다. 그렇지만 세계적으로 미국의 대표 식품으로 알려진 코카콜라와 맥도날드를 보고 미국 식품을 논하여도 크게 무리가 되지 않을 것 같다. 이들을 중심으로 미국식품의 발달역사를 한마디로 정의하면 편이화(패스트푸드화)가 아닐까 생각한다. 산업화시대에서 식품산업도 산업경쟁시대에 부응하여 이를 뒷받침할 수 있는 식품, 즉 단위 시간에 얼마나 많은 칼로리를 얻는 방향으로 식품이 발달하여 왔다고 볼 수 있다. 산업화시대에는 식품을 요리하는 데 걸리는 시간, 먹는 데 걸리는 시간, 나아가서는 설거지 하는 데 걸리는 시간 이 모두가 산업화에 걸림돌이라는 인식이 팽배하여 이를 극복하고자 하여 나온 식품이 코카콜라, 맥도날드, 크래커 등의 미국식품이라고 볼 수 있다.

또 다른 면의 미국의 식품 발달사를 보면, 우리에게 잘 알려진 맥도날드, 나비스코, 크라프트, TGIF 등의 대표 상품이 미국 저변의 전통식품에 기반을 두고 응용하여 발달하였음을 알 수 있다. 다시 말하면 이들이 연구 개발하여 새로 생긴 상품이 아니라 각 지역(소수 민족 포함)의 풍습과 전통식품을 기반으로 발달된 것들이 대부분이다. 세계 음식을 들여다보면 어느 식품도 하늘에서 뚝 떨어진 식품은 있을 수 없다는 것을 보여주고 있다. 즉 본란에서 언급한 바와 같이 소위 차세대식품이나 블록버스터는 결코 없었음을 알 수 있다. 그 이유는 식품과 그 문화는 매우 보수적이고 쉽게 변화하지 않기 때문이다.

이러한 발달을 거듭해온 미국 식품이 현재 큰 위기를 맞고 있다. 산업화시대에 발맞추어 발달한 궤적, 즉 단위 시간당 얼마나 많은 칼로리를 얻도록 발달한 궤적이 영양과다라는 재앙을 부르고 있다. 그렇게 많이 얻은 칼로리 때문에 미국 인구의 대부분이 비만에 걸려있고 이제는 미국인들이 비만때문에 생기는 각종 증후군과 질환으로 받는 고통의 재앙이 시작되고 있다. 미국식품의 식품발달 지향점인 효율, 산업화가 식품에게까지 영향을 미쳐 이제는 그 재앙에서 벗어나지 못할 지경에 이르렀다. 미국 여행을 갔다 온 분이면 미국인들이 엄청난 비만에 시달리고 있는 모습을 어느 곳에서나 볼 수 있을 것이다. 그리고 OECD 국가 중에서 2차 대전 이후 평균수명이 실질적으로 늘어나지 않은 유일한 국가가 미국이라는 것이 이를 간접적으로 증명한다. 미국 식품이 더 이상 흠모의 대상이 아니며 경계의 대상임에도 불구하고 아직도 일부는 미국 식품, 기술에 의존하고 있는 경우가 많아 참 걱정이 된다. 앞으로 식품산업의 발달 지향점은 에너지(칼로리)효율이 아니라, 건강, 삶의 질, 문화, 통섭이 되어야 한다.

이러한 측면에서 우리나라 식품과 문화는 매우 기반이 깊으며 그 경쟁력이 높다. 그만큼 우리나라 식품의 발굴과 가치발견 그리고 과학적인 규명과 재조명이 중요하다는 것을 다시 한번 깨닫게 된다.

Chapter 4

식품에서 잘못 알려진 오류들

비빔밥·김치의 한자표기 유래와 그 오류들

모든 인류와 언어 역사에서 가장 보편적인 것은 사물이 먼저 있었고, 그 사물에 대한 이름이 지어지고, 그리고 한참 후 그 사물에 대한 표기가 있었다. 인류 역사 이전의 수십억 년의 지구를 역사적으로 볼 때 광물이 먼저 있었고 식물이 있었으며, 그 다음이 동물이 있었던 것이다. 3억~5억년의 인류의 역사도 불과 몇천 년 전에 기록의 역사가 시작된다. 따라서 엄격하게 보면 기록의 역사는 지구의 역사로 볼 때는 100분의 1도 안되고, 인류의 역사로 보아도 10분의 1도 되지 않은 역사임이 사실이다. 그런데도 우리나라에서는 많은 식품 역사학자나 식문화를 한다는 사람들, 소위 글(한자)을 안다는 사람들이 공통적으로 범하는 오류가 있다. 인류의 역사 더 나아가서는 지구의 역사를 그 짧은 한자(漢文) 기록에만 의지하려는 경향이 있다. 더 나아가서는 한자의 기록이 전부인양 왜곡하는 학자들이 있다.

대표적으로 지구상에 고추라는 식물의 탄생은 수십억년 전의 일이고 수억년을 통하여 변이가 발생하여 다양한 종류로 발전하였으며, 인류의 탄생이전에 다양한 대륙에 전파되었고, 고추의 전

파나 이동은 수억년 전부터 사람이 아닌 조류에 의한 이동 가능성이 많다는 것이 밝혀졌음에도 불구하고 (Nature 2001), 즉 우리나라 고추는 멕시코의 고추와 품종도 완전히 다른 고추임에도 불구하고, 고추의 전래가 사람에게만 이루어졌을 것이란 단순한 생각을 벗어나지 못하여 아무런 근거 없는 '고추의 임진왜란 일본전래설'을 주장하게 되는 크나큰 오류를 범하기도 하였다.

또 하나의 범하는 오류는 우리나라 말이나 구조가 한자와는 완전히 다르고 한글이 창제되기 전에는 한자를 빌어 기록하였을 뿐임에도 불구하고, 한자를 우리말의 근본으로 착각하는 학자들이 있다.

한자로 표기되기 이전의 우리말이나 그 말이 갖고 있는 의미를 생각해보지도 않으려고 할 뿐 아니라 심지어는 우리의 뜻이나 얼을 왜곡하고 무시하기 일쑤이다. 최근까지도 한자를 안다는 잘못된 이유만으로 우리말을 연구하는 사람들을 언문을 연구한다고 무시하고 학문을 하려면 한문을 해야만 하는 풍토가 있었다. 이러한 예를 들면, 비빔밥이라는 것은 오래전 우리민족이 밥을 나물과 고추장을 비벼(고어로는 부븨어) 먹는 밥으로 소위 '낫놓고 기역자도 모르는 백성'들도 그냥 '비빕밥(부븨움밥)'으로 불려왔다. 우

리나라에만 있는 비빔밥으로 기록해야 할 필요성(시의전서, 오주연문장전산고)이 있었을 때, 중국에는 없는 음식으로 당연히 한자어에는 없었기 때문에 글을 만들어야 했다. 그래서 우리말의 뜻을 살려 부뷔움밥이란 뜻으로 부뷔을골(滑)과 밥반(飯)을 빌어 골동반(滑童飯)으로 기록하였을 뿐이다. 그런데 이것을 가지고 몇몇 학자들은 한자(滑童飯)로 기록된 책이 있다고 '비빔밥의 어원이 골동반'이라고 버젓이 주장한다.

한자로 표기되기까지의 과정을 한 번이라도 생각해보았으면 이런 얼토당토 않은 주장을 할 리가 없을 것인데, 사대주의적 발상과 자기가 한문을 좀 안다는 우월감으로 우리말을 무시하는 발상에서 이러한 크나큰 잘못을 저지르고 있다. 김치도 우리나라 김치와 똑같은 김치는 중국에 없다. 그래서 한글이 창제되기 전에는 백성들이 김치 하던 것을 菹(김치 菹)로 표기해왔다. 그 때는 한글이 창제되기 전이니까, 김치의 발음을 정확히 적을 수 없었기 때문에 '짐', '침', '팀' 등 여러 가지로 불리워졌다. 그래서 모든 책에서 김치를 菹로 기록하는 것으로 통용되어 왔다. 그러나 그 후 한글이 만들어진 후에 백성들이 김치라 부르며, '짐', '침', '팀'로 한글로 표기하니 어떤 한문학자는 우리말의 김치의 발음(韻)에도 맞고 뜻도 비슷한 한자어 '沈菜'로 차용하여 기록하였을 뿐이다. 그런데 몇몇 학자가 이를 가지고 '김치의 어원은 沈菜이다'고 주장하기에 이른다.

얼마나 잘못 가고 있는가? 심지어는 자기 논리에 밀리다보니 沈菜 이전의 김치를 표기하는 菹는 김치가 아니라는 허황된 주장을 일삼는 심각한 오류를 범하기도 한다. 우리나라 김치의 어원은 우리말 김치에 있지 어디 중국에도 없는 한자어에 있다고 주장할 수 있는가? 일반적으로 과거에는 비빔밥이나 김치와 같은 사물은 사물로 표기되기 수백년부터 있었다고 보아야 하고, 또한 滑董飯이나 沈菜로 표기된 것도 우리말의 번역이라는 개념을 가져야 한다.

우리나라에서 기록된 한자는 우리말을 그대로 표기하지 못하였고 한자로 번역되었음을 명심해야 할 것이다. 따라서 번역된 한자어를 갖고 우리말의 어원 운운하는 것은 정말 어리석은 주장이 될 것이다.

〈식품외식경제, 2012.12.20〉

고추는 일본에서 오지 않았다

선종하신 김수환 추기경님에 대한 추모열기가 온 나라에 물결칠 때(2월 19일), 본인의 연구결과 즉 "우리나라 고추가 임진왜란 때 일본으로 들어온 것이 아니라, 우리나라 백성들은 임진왜란 발발 훨씬 전부터 고추를 재배하여왔고, 고추를 이용하여 고추장 등을 제조하여 먹어왔다"라는 내용이 주요 일간지에 보도된 적이 있다(흔맛흔얼 2009년 봄호, 3-31쪽, 한국식품연구원(www.kfri.re.kr)).

본인이 고추의 전래에 대하여 관심을 갖고 연구하기 시작한 것은 상당히 오래된다. 나는 고추장으로 유명한 순창에서 태어났다. 어렸을 때 선친을 따라 맬감을 하러 다녔다. 땔감을 하러 작은 절에 갈 때 아버지께서는 '태조 이성계가 등극하기 전에 무학대사와 함께 이절에 와서 고추장을 먹고 하도 맛이 있어서 조선을 세운 뒤 진상하라 하여 드셨다'라는 말을 들려주시곤 하셨다. 어렸을 때 이런 이야기를 듣고 자란 나에게는 고추의 일본전래설에 관심을 많이 가질 수밖에 없었다. 사실 나에게는 고추가 일본으로부터 전래되었다는 설에 대한 풀리지 않은 의문점들이 많았다. 일본에는 고추로 만든 음식이 없는 데 임진왜란 때 고추를 무슨 이유로 우리나라로 갖고 들어 왔을까? 유럽에서 중남미 고추인 아히(aji)가 들어 왔다면 그 당시 들어왔다는 토마토, 타바코(담배)등과 같이 적어도 아히 아니면 피망(piment)과 같은 유럽식 이름의 흔적이라도 있어야 하는 데, 오히려 당초, 번초, 만초 등 순전히 중국식 이름이 왜 부쳐졌을까? 등 수 많은 의문이 풀리지 않았다.

1980년대 말 당시 학력고사문제 중에서 조선초기 시대의 생활상과 맞지 않은 것으로 '고추를 앞마당에서 말리고 있다' 항을 고르도록 하는 내용이 출제되었다. 그 때 나는 학생들은 고추의 임진왜란 때 일본전래설만을 배울 수밖에 없겠구나 생각하고, 빨리 진실을 밝히지 않으면 무비판적으로 영영 굳어질 수밖에 없겠구나 하는 위기감을 느끼었다.

결정적으로 1990년 일본을 처음 방문하였을 당시 일본「식품원료학」이라는 책에서 고추는 조선으로부터 가토기요마사가 가지고 들어 왔다는 내용을 접하고 나서 고추의 일본전래설에 문제가 있다는 확신을 갖고 그 후부터 본격적으로 고추의 전래에 대하여 조사를 시작하였다. 처음에는 고추의 전래를 밝히겠다고는 마음만 앞섰지 나는 고문헌을 볼 줄 몰라 일이 거의 진전이 없었다. 그런 상태로 몇 년이 흘러갔을 때 든든한 고추 동역자를 만났다. 그

동역자는 다름 아닌 한국학을 전공한 아내였다. 정말로 몇 년 동안 고추에 대하여 아내와 밤낮으로 토론하고 수백편의 고문헌을 같이 분석하였다. 수십종의 고추와 수백편의 고문헌을 과학적으로 분석한 결과 이번 결론에 도달한 것이다.

이 보도가 나간 후 몇몇 네티즌사이에서 본인의 의도와는 전혀 다른 상황, 즉 친일을 극복하는 시각으로 본 연구결과를 해석하려는 상황으로 전개되는 것을 보고 당황하였다. 결론적으로 본인은 민족주의자도 아니고, 역사학자도 아니다. 다만 과학적인 사실에 근거하여 진실을 이야기하는 자연과학자이다. 따라서 역사적인 자료를 과학적으로 분석하여 고추의 일본전래설을 뒤집을 수 있는 근거를 제시한 것이다. 일본에서 고추가 들어왔다는 주장을 너무 매도하지는 말자. 이런 문제는 이념이 아니라 과학적으로 풀어야 한다. 이제는 문화와 역사도 과학이다.

〈농업인신문, 2009.07.03〉

갈릴레오 갈릴레이와 고추

- 우리나라 고추의 역사의 진실 -

"All truths are easy to understand once they are discovered; the point is to discover them"

'모든 진리는 일단 발견하기만 하면 이해하기 쉽다. 중요한 것은 진리의 발견이다.'

이 말은 천문학자 갈릴레오 갈릴레이가 백년전 코페르니쿠스가 주장한 지동설(地動說)을 도입하지 않고는 기존 천체·지구의 자연현상을 설명할 수 없다고 판단한 즈음 진리에 대해 정의한 명언이다. 기존의 천동설(天動說)을 갖고는 달의 변화, 바다의 조수현상 등에 대해 설명할 수 없으나 코페르니쿠스의 지동설이 도입되면 쉽게 설명이 가능하다는 것을 깨닫고 이와같이 진리에 대하여 정의 내린다.

쉽게 설명되지 않는 어떠한 주장이나 진리는 진실이 될 수가 없으며 결코 진리가 아니다. 진리는 아주 단순하다. 따라서 여러 가지 복잡한 설이나 궤변을 동원하지 않으면 성립되지 않은 논리나 사실은 진리가 아니라고 단정 지을 수 있다.

우리 민족은 김치와 고추장을 오래전부터 먹어왔던 터라 우리 고추가 당연히 있었다고 단순하게 생각해왔는데, 이러한 당연한 생각을 깨뜨리고 우리 식품사를 복잡하게 만든 것이 일부학자들이 1984년에 주장한 고추의 임진왜란 일본전래설이다. 일부학자들은 고추의 임진왜란 일본전래설에 대한 설명이 쉽지 않고, 논리의 허점들이 들어날 때마다 방어의 수단으로 근거도 없는 새로운 설들을 주장했다. 그러한 설들을 모아보면 거의 20가지도 넘는다. 이 설들은 일관적이지 못하며, 공통적으로 어떠한 과학적인 근거도 내놓지 못하며 고추의 임진왜란전래설을 방어하기 급급했다. 그들은 심지어는 역사를 왜곡하기도 했다(소문사설의 저자를 이시필이 아닌 이표로 하기도 했다).

이렇게 많은 설들이 존재한다는 것은 이를 동원하지 않고서는 고추의 임진왜란 일본전래설이 성립할 수 없다는 것을 반증한다.

고추의 임진왜란 일본전래설을 지탱하기 위해 만들어낸 설

고추독초설, 고추행주대첩설, 우리민족우수설, 고추역수출론, 남쪽재배설, 김치·고추장개발설, 흑고추장설, 임무교대설, 일본왜곡설, 소문사설, 끼워넣기설(고추장 부분은 나중에 끼워 넣었다), 소문사설저자왜곡, 백김치설, 김치백년설, 김치역사백년설, 菹와 椒오류설, 沈菜어원설, 苦椒어원설, 고추돌연변이설, 고문헌오류설, 등

과연 이러한 것을 보고 진리라고 할 수 있을까?

이들 주장을 몇 가지 살펴보자. 굳이 임진왜란 때 일본이 고추를 갖고 들어온 이유는 무엇이었을까? 이 의문에 대한 대답으로 '고추독초설'을 주장했다. 일본은 우리나라 민족을 살상하기 위해 고추를 갖고 들어왔다는 것이다. 하지만, 고추독초설에서 의문의 꼬리는 계속된다. 임진왜란 시기에 일본은 조총을 갖고 들어왔는데, 과연 고춧가루를 뿌려 우리를 죽이려고 했다는 논리에 대해 의문을 갖지 않을 수 없다. 설령 그랬다하더라도 어떻게 우리 민족은 독초인 고추를 모든 음식에 넣어 먹었을까? 우리 고추를 먹여 사람을 죽였다는 기록은 문헌 어디에도 찾아 볼 수 없을 뿐만 아니라, 과학적으로도 김치나 고추장을 섭취해 죽이는 것은 사실상 불가능하다.

왜군이 고추를 뿌려 우리를 살해하려고 했던 사실을 아는데도 불구하고 고추를 음식으로 먹었다는 것은 전혀 상식적으로 이해되지 않는다. 따라서 이를 합리화시키기 위해 또 다시 '우리민족우수설'을 주장한다. 우리 민족은 우수하기에 독초를 김치나 고추장으로 만들어 먹을 수 있었다는 것이다. 이 설은 근거도 없을 뿐만 과학적으로 입증하기 어렵다.

이와 같은 설들을 내세워 '고추가 일본에서 임진왜란 때 우리나라에 들어왔다'는 주장을 합리화시키려고 했다는 것, 여전히 일본전래설이 갖고 있는 맹점들을 보완하기 위해 또 다른 설을 만드는데 골몰하고 있다는 것은 이는 스스로 고추의 임진왜란 전래설이 문제가 있다는 것을 인정하는 꼴이다.

진리는 단순한 것이다. 진리는 있는 그대로 받아들이는 것이 중요하다. 임진왜란 전에 고추장이 있으면 있는 것이다. 문헌에 고추, 김치가 기록되어 있으면 그것이 고추와 김치다. 왜 굳이 고추와 김치가 아닌 다른 것으로 해석하고, 이를 왜곡하려고 열중하고 노력하는가? 일본 다수의 문헌에 고추가 조선에서 전래되었다고 기록되었으면 그렇다고 인정하면 되는 것이다. 아주 단순하다.

이 기록들에 의해 고추는 이미 임진왜란 이전에 우리나라에 있었으며, 우리 민족의 식문화로 자리 잡고 있었음을 알 수 있다.

남아메리카의 고추가 우리 고추가 될 수 없다는 것은 생물학적으로도 증명된다. 지금의 유전공학기술을 이용하더라도 남아메

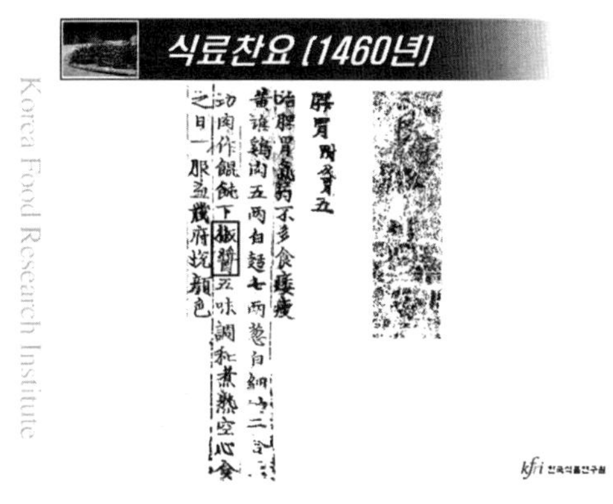

세종6년(1460년) 식료찬료에 기록된 "고쵸(고추장)"

리카의 '아히(aji)'는 결코 우리나라 고추가 될 수 없다고 이미 입증되었다.

앞으로도 그들은 고추의 일본전래설을 합리화시키기 위해 계속해서 다른 학설을 만들어 낼 것이다. 다만 온갖 설을 만들어 동원되어야 유지되는 학설은 결코 진리가 될 수 없다. 학문적인 측면에서의 주장은 상식, 문헌과 과학을 가지고 논리적으로 자신의 의견을 증명해 나가는 것이다. 때로는 자신의 설을 입증할 수 없다면 그 결과를 받아들일 줄도 알아야 한다. 일부 학자들의 잘못된 주장 때문에 우리나라 식품사와 문화가 왜곡되고 부정되고 있다는 사실을 안타까워하면서 하루빨리 이를 바로잡아 나가기를 기대해 본다.

〈Food&life, 2012.6 세계 식품과 농수산, FAO 한국협회〉

잘못 알려진 남원산성 노랫말

- 너무나 잘못된 것이 많은 인터넷 블로그 -

쉽게 설명되는 진실을 외면하고 잘못된 것을 진실인 양 옹호하기 위하여 수많은 잡설을 만들어 낼 때 국민은 얼마나 혼돈에 빠지고 우리 문화가 왜곡되고 폐해가 심한지를 갈릴레오 갈릴레이의 말을 빌어 설명하였다. 이번에는 또 다른 우리나라 문화인 전통음악의 인터넷에서 돌아다니는 문제점(오류)에 대하여 얼마나 심각한지 보여주고자 한다. 1960-70년대 중중모리 장단인 민요를 이생강 선생이 곡을 정리하여 김세레나 가수가 부른 노래 '남원산성'이라는 노래가 있었다. 그 노래의 가사는 다음과 같다.

1. 남원산성 올라가 이화문전 바라보니/수진이 날지니 해동청 보라매/떴다 봐라 저 종달새/석양은 늘어져 갈매기 울고/능수버들가지 휘늘어질 때/꾀꼬리는 짝을 지어/이 산으로 가면 꾀꼬리 수리루/음음~ 어허야~/에헤야 뒤여허~ 허둥가 허허 둥가 둥가 내 사랑이로다
2. 남원산성 찾아가 후유 한숨 바라보니/수진이 날지니 해동청 보라매/떴다 봐라 저 종달새/산천은 푸르고 산새는 우니/일만 꽃

들이 보기가 좋은데/뻐꾸기는 짝을 지어/이 산으로 가면 뻐꾸기 수리루/음음~ 어허야~/에헤야 뒤여허~ 허둥가 허허 둥가 둥가 내 사랑이로다

그런데 이 노래에 대하여 최근에 몇몇 블로그에서 여기서 남원산성은 성남에 있는 남한산성의 오류이라고 그럴 듯하게 설명하고 있다(참고 http://blog.yahoo.com/_OFZU6EGBLRMPAH3U7O5WWYAZGI/articles/19123).

핵심은 남원에는 남원산성이 없고 이화문은 서울에 있는 이씨 조선 왕의 궁궐문을 가르킨다는 것이다. 사실이 쉽게 설명이 안되니까 또 다른 설을 만들어 설명하려 하고 있다. 여기에 그들의 주장을 그대로 싣고자 한다.

"처음에는 노래 제목이 당연히 〈남원산성〉이라고 생각했다. 왜냐하면 김세레나 같은 유명한 민요 가수가 "남원산성 올라가 이화문전 바라볼 때~"하고 불렀기 때문이다. 하지만 인터넷을 검색하다가 우연히 노래 제목이 〈남한산성〉이라고 생각하는 사람들이 있다는 사실을 알고 노랫말을 다시 한 번 훑어보니 과연 〈남한산성〉이 맞겠다는 생각이 들었다.

남한산성(南漢山城)과 남원산성(南原山城) 남원(南原)에 남원산성(南原山城)이 있는지 찾아보자. 남원(南原)에는 남원산성(南

原山城)이라 이름 붙은 산성(山城)이 없다. 다만 교룡산성(蛟龍山城)이 있을 뿐이다. 백제(百濟) 시대 때 만든 교룡산성(蛟龍山城)은 남원시 서북쪽에 있는 돌 산성(山城)이다. 어떤 사람은 교룡산성(蛟龍山城)이 바로 남원산성(南原山城)이라고 주장하지만, 이는 〈남원산성〉을 어떻게든 찾으려다 보니 나온 주장일 뿐이다. 〈남원산성〉 민요 때문에 교룡산성(蛟龍山城)이 남원산성(南原山城)으로 둔갑(遁甲)하였다.

바로 여기 〈이화문전〉에 답이 있다. "이화(梨花)에 월백(月白)하고 은한(銀漢)이 삼경(三更)인 제"라는 시(詩)나 '이화여자대학교(梨花女子大學校)'에서 보듯이 〈이화〉라고 하면 흔히 '배꽃(梨花)'을 떠올린다. 그러면 여기에 나오는 〈이화〉도 '배꽃'일까? 조선(朝鮮) 왕족의 성씨가 이씨(李氏)인 데, '이화'는 '李花'가 아닐까? 〈이화문전〉은 〈李花門前〉 즉 궁궐을 가리키는 말이 아닐까? 〈이화문전〉이 〈李花門前〉이라면 "남한산성 올라가 이화문전 바라보니~" 대목에는 두 가지 의미가 있다. 겉으로 드러난 뜻은 〈남한산성〉에 올라가 배꽃이 만발한 경치를 즐긴다는 뜻이지만, 그 속에 숨은 뜻은 〈남한산성〉에 올라가 〈이화문전(李花門前)〉 즉 궁궐(宮闕)을 바라본다는 뜻이다. 조선 왕족의 성(姓)이 '오얏 리(李)'씨이기 때문이다. 정말 소설 아니고 무엇인가? 성 이(李)도 오얏이(梨)로 탈바꿈하여 승화되기까지도 하였다.

이 주장(왜곡)이 얼마나 근거 없는 주장인지 밝혀보고자 한다. 먼저 이 노래는 중중모리장단의 남도민요로 기호민요와는 관계가 없다. 따라서 가사도 기호지방 (현재 경기지방)과는 관계가 없다. 따라서 남한산성과는 관계가 없다.

둘째 남원에는 산성이 없는 것이 아니라 산성이 있다. 다만 남원산성(南原山城)이라는 이름의 산성이 없을 뿐이다. 남원이란 현 이름이 붙여진 것은 백제시대 훨씬 이후이기 때문에 백제시대때부터 있었던 城을 남원산성이라 불리워질 리가 없다. 그러니 쉽게 생각하면 된다. 민요는 일반 백성이 부르는 노래이니 남원이 있는 산성이니 남원산성이라 했을 뿐이다.

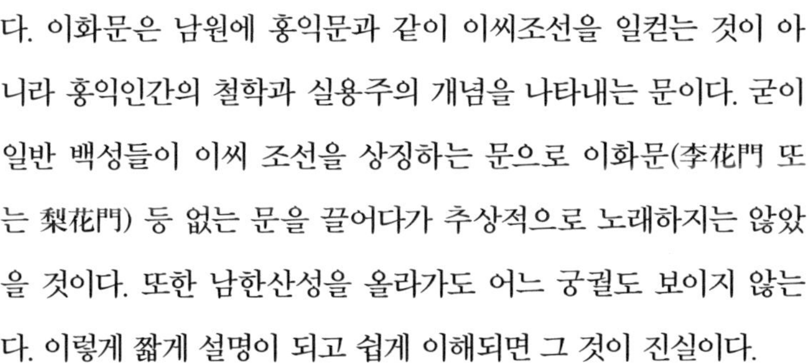

셋째 남한산성에서는 이화문은 안 보이지만 남원에는 이화문(理化門)이 있다. 이화문은 남원에 홍익문과 같이 이씨조선을 일컫는 것이 아니라 홍익인간의 철학과 실용주의 개념을 나타내는 문이다. 굳이 일반 백성들이 이씨 조선을 상징하는 문으로 이화문(李花門 또는 梨花門) 등 없는 문을 끌어다가 추상적으로 노래하지는 않았을 것이다. 또한 남한산성을 올라가도 어느 궁궐도 보이지 않는다. 이렇게 짧게 설명이 되고 쉽게 이해되면 그 것이 진실이다.

또한 많은 블로그에서는 가사가 왜곡되어 있다. 가사 중 '해동청 보라매'가 많은 블로그(http://gasazip.com/202876 등)에 '해동 찬바람에'로 그리고 그럴 듯하게 '즉 해동(海東)은 바다 동쪽이니 우리나라를 가르키니 해동 찬바람에는 뜻은 우리나라 바다에서 부는 찬바람이라고'이라고 해석까지 달아 놓는다. 또한 어떤 이는 2절의 내용 중 '후유 한숨'도 남한산성에서 바라보면 한강이 보인다 하여 '후유 한수'로 억지로 해석하는 사람이 있다. 다 오류이다. 해석이 길면 길수록 틀렸다고 보면 된다.

옛날에는 매사냥이 많아 임금님도 매사냥에 많이 나갔다. 여기저기 문헌에 매봉우리(鷹峰山)이나 매봉에 임금이 사냥나갔다는 기록이 많다. 여기서 수진이는 길들인 사냥매이고 날진이는 길들여지 않은 날매로 산진이라고도 한다. 그리고 예부터 우리나라 참매를 순 우리말로 보라매로 불리었고, 예부터 매(특히 송골매)를 칭하는 글자로 해동청(海東靑)으로 기록하였다. 따라서 '해동 찬바람에'는 '해동청 보라매'를 무슨 뜻인지 몰라 자기 나름대로 해석하여 기록한 오류일 뿐이다.

이렇게 우리나라 문화에는 오류가 판치고 있다. 더군다나 이러한 오류가 판치면 판칠수록 진실이 묻히게 된다는 것이다. 하루 빨리 이러한 오류를 바로 잡는 것이 국가적으로 필요하다.

고추독살(초)설은 사실인가?

고추독살(초)설의 배경

앞에서 갈릴레오 갈릴레이의 말 즉 '진실은 쉽게 설명되지 않으면 진실이 아니다'를 언급하여 우리나라 고추의 일본전래설이 결코 진실이 아님을 설명한바 있다. 그러면 일본 전래설을 주장하는 자들이 내세우는 여러 가지 설들에 대하여 하나하나 따져 보기로 한다. 첫 번째 이야기로 만든 설이 고추독살설이다. 고추독살설 또는 고추독초설이 나오게 된 배경은 다음과 같다. 일본에서 임진왜란 때 고추를 갖고 들어 왔다면 왜 일본군이 고추를 갖고 들어 왔을까?에 대한 강한 의문이 생긴다.

인류학적으로나 역사적으로 모든 농산물이나 식품 주요 재료로 쓰이는 생물(동식물)인 경우 이를 갖고 들어간 경우, 그 원료로 쓰이는 음식이 널리 애용되어야 하고 그 음식을 만들기 위하여 재료로 쓰이는 식물을 사람이 갖고 들어가는 것이다. 예를 들면 백년전 우리 교포들이 미국에서 김치를 담가 먹어야 하기 때문에 우리나라 고추씨를 미국에 갖고 들어간 것처럼, 불가피하게 일본군이 고추를 갖고 들고 올 필요성이 있어야 한다. 그런데 임진왜란 이후부터 지금까지 일본에는 고추로 만든 음식으로 내세울 만한 것이 없다. 그렇다면 일본군이 왜 임진왜란 때 고추를 갖고 들고 왔을까? 의문이 생긴다. 다시 말하면 임진왜란 때 일본군이 고추를 갖고 들어왔다는 주장에 대한 강한 의문이 당연히 생긴다. 따라서 고추일본전래설을 주장하는 그들은 일본에서 고추를 갖고 들어와야 하는 당위성을 찾지 못하면 일본전래설이 흔들린다는 것을 스스로 알기 때문에 급기야 고추가 임진왜란 때 우리민족을 독살하려 들고 왔다는 고추독초(살)설을 내세우기 시작한 것이다.

고추독초설의 허와 실

그러면 고추독살설은 사실일까? 고추독살설의 문헌적인 근거는 없다. 그들 주장처럼 어디의 문헌에도 일본군이 우리 민족을 독살하려고 무기로 고추를 갖고 들어왔다는 기록은 없다. 다만 그들은 지봉유설(1614년 이수광)의 '남만초(번초)를 술에 타먹었다가 죽는 사람이 발생하였다'는 기록을 주장하고 있다. 이 기록도 일본군이 강제로 술에 타 먹여 우리 군인이나 백성을 죽였다는 기록은 아니다. 백성들이 스스로 우리나라 고추 아닌 남만초를 술에 타먹었다가 화를 당했다는 기록일 뿐이다. 일본군이 무기로 가져왔다는 것이 사실이라면 그 것을 무기로 활용하여 우리민족을 독살하려는 것을 분명 보았을 터인데 어떻게 그것을 보고도 백성들이 그것을 술에 타먹었다는 말인가? 정황적으로도 말이 되지 않는다.

또한 당시의 일본 무기를 살펴보자. 일본은 일찍이 서양에서 개발된 조총으로 무장하였다. 말이 그렇지 처음부터 무기로는 게임 안되는 싸움이다. 우리나라는 기껏해야 화살이나 대포밖에 없었는 데 이에 비하여 조총이야 말로 엄청난 파괴력과 적중률을 갖고 있다. 쉽게 말하면 무기로는 상대가 되지 않는 데 원시적인 고추를 우리민족을 독살하려고 갖고 들어올 필요성이 없다. 조총을 갖고 있는 군대가 화살보다도 위력이 떨어지고 칼보다도 근접 전투력이 떨어지는 고추를 그렇게 많이 갖고 들어올 필요가 있을까? 상식적으로도 말이 된다고 생각할 수 없다.

모교수는 고추일본전래설을 들면서 권율 장군의 행주대첩 때 우리가 아낙네들이 돌을 치마에 실어 날라 이를 던져 왜군을 물리쳤다는 구전에 한술 더 떠 '한쪽에는 돌을 실어 나르고 한손으로는 고춧가루를 실어 날라 전투를 도와 승리하였다'고 까지 이야기하고 있다. 물론 그의 다른 저서에서의 주장과 마찬가지로 과학문헌에서 요구되는 참고문헌이나 근거는 대지 않고 주장하고 있다. 그는 고추가 임진왜란 때 일본에서 들어 왔다는 것을 뒷받침하기 위하여 주장하기 위하여 이를 이야기 한 것은 물론이다.

여기서 권율장군의 행주 대첩 때 아낙네들이 돌과 고춧가루를 치마에 실어 날랐는지 돌만 실어 날랐는지 정확히 나도 알 수는 없다. 다만 돌은 분명히 아낙네들이 행주산성에 실어 날라 권율장군이 승리에 기여하였다는 구전은 분명하다고 본다. 여기에서 논하고자 한 것은 행주대첩 때 아낙네들이 고춧가루를 실어 날랐다는 사실이 고추 일본전래설을 결코 뒷받침할 수 없다는 사실이다. 오히려 아낙네들이 고춧가루를 실어 날라 이를 뿌려 왜군들을 물리쳤다면 고추가 임진왜란 훨씬 이전에 있었다는 반증이다.

실제로 임진왜란은 1592년 음력 4월에 일어났고 행주대첩은 그 이듬해인 1593년 음력 2월에 거두었다. 음력 4월은 고추를 파종하기 이미 놓친 시기로 그 이듬 2월에는 우리나라에서 심어 수확한 고추나 고춧가루는 있을 수 없다. 그렇다면 일본군이 갖고 있었던 고춧가루를 전부 노획하였다는 것인 데, 조총을 갖고 있는 일본군에게 고춧가루를 노획한다는 것도 불가능하며, 그런 위험을 쓰고 고춧가루를 노획하려 든다는 것도 전술적으로 가치 없는 일이다. 즉 행주대첩때 아낙네가 고춧가루를 다량 확보하여 왜군을 물리쳤다는 것은 자연적으로 시간적으로 볼 때, 임진왜란 때 고추가 들어왔다는 주장을 포기하지 않고는 성립이 불가능하다. 아낙네가 고춧가루를 뿌리겠다는 발상은 이미 어머니들이 고춧가루를 음식에 친숙히 사용하지 않았으면 생각할 수 없는 발상이다. 누가 시켜서 할 일이 아니다. 이만큼 우리 아낙들은 고춧가루에 친숙해 있다는 증거이다. 즉 임진왜란 훨씬 전에 고추는 우리아낙들이 음식에 많이 쓰이는 재료이었다는 증거이다.

생물학적인 관점에서 보면 우리민족이 오랫동안 사용해왔던 우리나라 고추(SHU* 600정도)는 우리 몸에 뿌려지면 눈물이 나게 하여 전투력이 떨어지게 할 수는 있어도 고추로 직접 죽게 되지는 않는다. 따라서 우리나라 고추의 독초설은 성립될 수 없다.

고추독초설은 고추의 일본전래설을 합리화하기 위하여 만들어낸 근거 없는 주장이다. 따라서 이의 논리적 대우인 '고추의 임진왜란 때 일본전래설'은 허구일 수밖에 없다.

*SHU(Scoville heat unit)는 맵기를 나타낸 것으로 600이라 함은 물을 600배 희석시키면 매운맛이 사라진다는 것을 나타냄

식문화와 과학

- 일부 식문화에 대한 비과학성을 경계한다 -

내가 오랫동안 연구해온 '고추이야기'라는 책이 드디어 출판되었다. 우리나라에 '고추가 임진왜란(1592년)때 일본으로 들어왔다'는 잘못된 설에 의하여 우리나라 식문화가 얼마나 왜곡되고 잘못 가고 있는가에 대하여 고발한 책이다.

물리나 화학 같은 자연과학을 공부할 때 가장 기본적인 법칙으로 열역학법칙을 배웠다. 그 중 열역학 제2법칙이 기억난다. 즉 '모든 자연 반응은 엔트로피(entropy)가 증가되는 방향으로 일어난다'는 법칙이다. 여기서 엔트로피는 흔히 우리말로 무질서도(無秩序度)로 열역학 제2법칙은 '모든 자연현상은 외부의 힘이 들어오지 않는 한 무질서도가 증가되는 방향으로 자연적으로 일어난다' 것을 의미한다. 다시 말하면 물은 위에서 아래로 흐르고, 물속에 잉크를 떨어뜨리면 사방으로 퍼지게 되는 자연 원리이다. 이런 물리화학반응 뿐만 아니라 생물학적인 반응인 발효나 부패 반응도 물론 열역학 제2법칙을 따른다. 이를 동양에서는 바로 자연의 순리라고 이야기된다.

고추가 음식재료로서 일본에서 들어왔다면 누구나 '일본에 고추로 만든 음식이 있어야 하는 데 일본에는 고추로 만든 음식이 없는 데 무엇 때문에 갖고 들어왔을까?'하는 의문에 그들은 우리나라 백성들을 독살하려 갖고 들어 왔다고 지어낸다(고추독살설). 왜군은 조총으로 무장하였는데 무슨 고추가 무기로 필요할까? 그리고 '먹으면 죽는다는 고추를 어떻게 우리는 김치나 고추장을 바로 담궈 먹었을까?' 질문을 던지니 우리 민족은 매우 머리가 뛰어나서 음식에 사용하였다고 한다(민족우수설).

그러면 과연 먹으면 죽는 것을 보고 그 것을 식품으로 만드는 지혜를 갖기 까지는 몇 년이 걸렸을까? 고추의 임진왜란 일본 전래설을 주장하는 이들에게 1700년대 초반 문헌(임진왜란 100년 후)인 『소문사설』에 순창고추장이 전국에 유명하고 그 제조법도 나오는 기록을 보여주니까, 처음에는 고추장이라고 인정하다가 '과연 고추가 들어와서 우리나라에 전국에서 심게 되고 이를 고추장으로 까지 발전시키는 데 몇 년이 걸릴 것인가?'(현재 농경학적, 식품과학적으로 보면 400년이 이상이 걸린다)를 계산하더니, 나중에는 순창고추장은 빨간 고추장이 아니라 검은 순창후추장이라고 이야기한다(흑고추장론). 즉 원래는 후추로 고추장을 만들었다가 고추가 맛이 너무 좋아서 고추로 대신 고추장을 만들고 검은 후추장은 감쪽같이 사라졌단다(임무교대론). 과연 우리나라 전통음식이 쥐도 새도 모르게 사라질 수 있을까? 그리고 약으로나 쓰이는 그 비싼 후추를 시골 아낙네들이 어디서 나서 그 많은 후추장을 담갔을까?

그들에게 임진왜란 이전의 문헌에 엄연히 고추(椒), 고추장(椒醬), 김치(菹), 배추라는 기록이 있음을 들이대도, 그것은 고추도, 고추장도, 김치도, 배추도 아니라고 주장한다. 어떻게 모든 기록에 나타나는 고추, 고추장, 김치, 배추가 동시에 고추, 고추장, 김치, 배추도 아니여만 할까? 과연 그 확률은 몇 %나 될까? 과학적으로 보면 동시에 아닐 확률은 수백조분의 일이다. 이것도 바로 자연의 순리를 거스르는 것이다. 즉 열역학 제2법칙을 거스르는 것이다.

이러한 허황된 모든 이론이 잘못된 고추의 임진왜란 일본전래설에 기인한다. 즉 고추가 임진왜란 이전에도 있었다는 사실을 받아들이면 이러한 근거도 없는 쓸데없는 무리한 주장을 도입할 필요가 있을까? 고추가 들어와서 고추장과 같이 김치가 발견되려면 적어도 즉 400년 이상 걸린다고 이야기하니까 느닷없이 현재의 김치가 100년의 역사밖에 안된다고 정말 허황된 설을 갖고 나온 것이다(김치100년설). 정말 그들의 우리 식문화 왜곡의 끝이 어디까지 갈 것인가 두려울 뿐이다. 심지어는 과학적으로 설명이 안 되니까 고추장이나 김치는 외부의 힘에 의하여 갑자기 만들어졌다는 설까지 나오기까지 하였다(빅뱅설). 이러한 허황된 설을 동원하지 않고는 설명될 수 없는 식문화 이론은 과학적 뿐만아니라 논법적으로도 틀린 이론이다.

우리나라 식문화발달은 매우 과학이며 자연의 순리를 거스르지 않고 발견되고 진화되어 왔다. 우리는 고추의 일본전래설 같은 문헌상으로도 근거없고, 비과학성을 경계한다. 잘못된 주장 하나 때문에 우리 식문화가 얼마나 왜곡되었었는지 그 피해는 이루 말할 수 없기 때문이다.

〈식품외식경제, 2011.03.31〉

Chapter 5

식품산업 정책

중소기업 지원 R&D 정책이 필요하다

- 식품 R&D 정책의 핵심적인 전환이 우선되어야 한다 -

본인은 기회 있을 때마다 식품산업의 특성과 그 중요성에 대하여 이야기하여 왔다.

식품산업의 제일 큰 특성으로 낮은 전유성(專有性, appropriability)으로 대부분 식품·외식산업은 진입장벽이 높지 않고, 기술보호벽이 높지 않아 누구나 시장 진입은 쉽게 하지만 거기에서 살아남을 확률이 매우 낮다는 점이다. 그래서 기술 개발에 먼저 뛰어들어 성공하는 예가 많지 않고, 만일 기술개발 R&D에 먼저 뛰어들면 소위 남(특히 대기업) 좋은 일만 시키고 마는 경우가 허다하다. 또한 농식품산업의 특징으로는 기술과 생산으로 표현할 수 없는 그 가치, 즉 식량안보, 식품안전, 고용동반, 국민건강, 삶의 질 등 헤아릴 수 없는 가치가 있음에도 불구하고, 농식품 R&D 하면 기술과 제품·생산 등의 이러한 관념에서 벗어나지 못하고 있다. 이러한 경우를 허다하게 경험하고 있음에도 농식품부의 정책, 특히 R&D 정책은 변화하지 않아 참 안타까울 뿐이다.

원래 농식품부의 R&D정책은 농업생산, 농촌 생활에 초점이 맞추어져 있어서, 식품산업에 대한 이해가 부족하다보니, 농식품의

R&D 정책을 타부처, 특히 산업통상부(옛 지식경제부)의 R&D 정책(B2B)을 그대로 도입하여 농식품 R&D에 적용하여 운용하고 있다. 어떻게 2차 산업 발전과 기업위주로 개발된 R&D정책(B2A, B2C)이 다차 융합산업과 국민의 건강이 위주인 식품산업 정책에 맞을까?

대표적인 잘못된 정책이 기술료·특허 우선 R&D, 실용화 사업, 그리고 기업 주도형 R&D (고부가가치 식품개발 사업)이다. 타부처의 R&D 정책은 전유성이 높은 R&D 결과가 소비자인 제품을 생산하는 기업에 맞추어져 있으니(B2B), 당연히 기술료·특허 위주의 R&D 정책이 될 수밖에 없다. 이러한 타부처의 정책을 전유성이 낮고 공익적인 면이 강한 R&D 결과을 필요로 하는 농촌, 농민, 외식업자 및 농식품산업에 맞추려니 맞을 리가 없다. 외국인들에게 비빔밥을 공짜로 먹어보게 하여 비빔밥을 세계인들이 알고 사랑받게 하는 것이 중요할까? 아니면 비빔밥을 쉽게 못 먹게 하기 위한 장치를 먼저 개발하고 외국인들에게 비빔밥 하나하나 먹을 때마다 몇 원씩 기술료를 받는 정책이 더 나을까? 산통부는 이해 못하고 그들에게는 없는 무상기술이전이 농식품부만에 있는 이유가 여기에 있다.

또 하나의 대표적으로 잘못된 정책이 실용화 사업이다. 이 사업도 마찬가지로 기업이 주(主)가 된 신약개발 사업에서 기초기술과 산업기술의 차이점을 부각(죽음의 계곡, death valley)시켜 이를 극복하는 데 R&D가 필요하다 하여 만든 사업이다. 그런데 지구상에 이미 수많은 식품(농산물)이 이미 생산·존재하고 있는데, 어떤 실용화 사업이 농식품사업에 무슨 필요가 있는지 되묻고 싶다. 식품 생산기술 측면에서 보면 미국이나 우리나라, 아니 미국과 중국과도 큰 차이가 이미 나지 않음에도 불구하고, 굳이 이 차이를 있다하려 하는 것은 이를 계기로 R&D 자금을 만들어 가려 하는 것은 식품산업 연구자(R&D 공급자)의 지나친 욕심이 아닐까?

마지막으로 잘못된 정책의 하나는 고부가가치 식품개발 사업이다. 전형적인 지경부(현 산통부) R&D 정책을 도입하여 만든 사업으로 B2B의 전형적인 R&D로 기업이 연구개발의 주관이 되도록 한 결과, 기업은 그 기술의 필요성과 어떤 기술인지도 모르고 기술공급자에 이끌리어 R&D가 진행되고 있다. 기업의 니즈를 파악하지 못하고 이러한 소위 R&D를 위한 R&D는 현재 많은 부작용을 낳고 있으며, 성공한다는 것 자체도 언급하기도 힘들다.

가장 먼저 이러한 문제점을 극복하는 것은 정책담당자가 앞서의 식품산업의 특성과 그 중요성을 바로 깨닫는 것이 중요하다.

그리고 진정 시장에 나와 있는 제품이 무엇이 문제인지 우선 파악하는 것이 중요하다. 특히 중소기업이 원하는 것을 정확하게 파악하는 것이 매우 필요하다. 진정 그 기업이 원하는 창조나 기술의 해결을 위하여 연구자가 모이는 형태의 R&D가 그것이다. 이것이 융합연구이며 창조경제에 필요한 가치가 창조가 될 때 진정한 중소기업 지원이 되는 것이다.

현재는 가치가 더해지고마는 고부가가치 정책이 필요로 하는 것이 아니라 기존시장도 파괴될 수 있는 가치창조 정책이 필요한 시기이다.

남자한테 참 좋은데……

- 우리나라 식품산업 발전의 지향점을 보자 -

몇 년 전 화두가 된 식품 광고 카피가 장안에 화제가 된 적이 있었다. 모 식품 사장이 직접 나와서 어눌한 표정으로 "남자한테 참 좋은 데, 참 좋은 데……. 어떻게 표현할 방법이 없네"를 연발하면서 홍보하는 모습이 깊은 인상을 남겨서 결과적으로 그 회사 모제품 매출이 올라간 적이 있었다. 이 때 많은 사람 사이에 이 광고의 카피를 가지고 여러 이야기가 오고간 적이 있었다.

첫 번째로 대부분 많은 사람들은 '남자한테 참 좋은 데, 참 좋은 데……. 어떻게 표현할 방법이 없네'라는 표현이 남성 기능에 대한 정서적으로 표현할 수 없는 부분으로 이해하여 많은 남성들이 그 제품을 찾게 하는 데 기여한 것으로 이야기하고 있고, 두 번째는 기능성식품이나 건강기능식품법에 대하여 조금이라도 아는 사람들은 건강기능식품법의 까다로운 표기방법을 피해가는 방법으로 '효능은 있는 데 어떻게 말할 수 없네(왜? 정확한 데이터가 없으면 법에 걸리니까)'라고 하여 규정을 교묘히 피해나가면서 제품을 알리는 데 성공한 케이스라고 이야기하고 있다. 어쨌든 그 제품에 대하여 성공적인 카피라는 것은 누구도 이의를 제기하지 못하고 있다.

그런데 당시 필자는 그 시점에서 이러한 판매 전략이 우리나라 식품 산업 발전을 위해서는 몇 가지 측면에서 결코 크게 도움이 되지 않을 것이라고 이야기하였다. 우선 제품의 마케팅이 중요하다는 것을 아무리 강조해도 지나치지 않지만 실제로 제품의 질과 내용(콘텐츠)에 의존하지 않고 언어의 유희나 스타마케팅(star marketing)에 의존하는 것은 결코 지속성장을 이룰 수 없다는 것이다. 즉 마케팅 이전에 세계시장에서도 우위를 점할 수 있는 품질이나 스토리가 우선 존재하여야 하고 이를 홍보할 수 있는 마케팅 전략이 있어야 한다. 그런데 이러한 잠깐 반짝이는 방법의 홍보는 제품의 지속성장(sustainability)에 별로 도움이 안될 것이라 생각한다. 우리나라 식품시장에 나쁜 선례를 남겨 다른 기업도 따라 하게 하여 이런 방법에 치중하다보면 제품이나 기업 경쟁력 체질이 떨어지게 되고 우리나라의 기능성 식품시장 발전에 결코 도움이 안될 것이기 때문이다. 그러한 경쟁 홍보 방법의 또 다른 문제점은 우리나라에서 성공한 제품이 나오면 이제 그 회사는 그 제품의 가치를 올려 세계시장에서도 팔릴 수 있는 글로벌 경쟁력 있는 제품으로 발전시키는 데 역량을 집중하여야 하는 때

임에도 불구하고, 오히려 그 제품을 개발한 사장을 포함하여 대부분의 사장들은 그 제품이 오래가지 못할 것이라고 생각하여서 또 다른 히트 상품을 개발하는 데 몰두하고 있는 점이다. 즉 또 다른 카피개발에 열을 올리고 있는 현상이 나타난다. 이러한 현상이 계속되면 세계 기능성식품시장에서 우리나라는 그 잠재력이 높음에도 불구하고 글로벌 브랜드가 나올 수 없으며 지속성장을 이끌 수 있는 상품이 나오지 않는 것은 물론이다.

분명 그만한 제품을 만들어 시장에 내놓기까지 그 회사의 사장을 포함하여 모든 임직원의 노고를 결코 가볍게 평가하고자 하는 것이 아니다. 문제는 그 회사뿐만 아니라 모든 회사들이 그러한 방법으로 따라 가려는 개연성(유혹)이 높다는 것이다. 이러한 측면에서 분명 그 카피의 성공사례는 잘못된 지향점을 제시해주고 있음이 분명하다. 일부 성공하는 기업이 있다하더라도 모든 기업이 그렇게 따라가서는 전반적인 경쟁력을 유지할 수 있는 체질도 떨어지기 때문이다. 아니나 다를까 그 회사는 최근에 또 다른 히트 카피를 내놓아 제품 판매에 성공하고 있는 듯하다. 갱년기 여성 장애개선에 도움이 되는 제품을 내놓으면서 "마누라 마누라 열내지마 아내에게 좋다, 여자에게 좋다."라는 아주 인상적인 카피를 내놓고 있다. 물론 갱년기 장애 개선에 좋다는 말을 직접 할 수 있는 자료나 인가취득(건강기능식품법의 개별인정형 등) 문제를 교묘히 피하면서 갱년기 여성 증상에 도움이 되는 기능성 식품임을 금방 알 수 있게 하는 기가 막히는 카피이다. 그런데 '남자에게 참 좋은 데'와 마찬가지로 '마누라 마누라 열내지마'도 어딘가 아쉬운 부분이 많이 있다. 매번 이런 식으로 매달릴 것이 아니라 그러한 광고를 당당하게 할 수 있는 과학적인 근거 창출에도 보다 많은 노력을 기울이는 것이 생명력이 오래 가지 않을까?

언제까지 이러한 전략이 성공할까? 국내에서 성공한 제품을 세계 시장에서도 통할 수 있도록 전략과 연구가 필요할 시점이다. 우리나라 식품산업이 글로벌 제품으로 발전할 수 있는 지향점을 보자. 좋은 제품, 좋은 콘텐츠로 글로벌 시장에서 경쟁력을 갖고 지속 가능한 성장 제품으로 키워나가야 한다. 물론 그런 풍토를 만드는 것이 민간의 책임은 아니다.

〈식품외식경제, 2013.05.13〉

식품산업과 창조경제

- 창조경제의 핵심은 가치 창조에 달려있다 -

박근혜 대통령의 대선 후보 시절 경제의 이슈는 경제 민주화였다고 많은 사람이 알고있다. 그런데 대통령에 취임하고서는 박대통령의 경제 아이콘은 창조경제(creative economy)로 바뀌었음을 의아해 할 사람이 많을 것이다. 그래서 요즈음은 많은 사람들이 과연 창조경제가 무엇인지 그 개념을 정립하느라 부산하다.

많은 정책기관들이 창조경제에 대하여 심포지움 등을 개최하고 있지만 아무도 창조경제에 대한 명확한 개념을 내리지 못하고 있는 실정이다. 본인은 비록 경제학자가 아니지만 오래전부터 이러한 개념으로 식품산업 변화의 필요성에 대하여 역설해 온 바 있다. 따라서 식품산업 측면에서 창조경제의 중요성에 대하여 나름대로 정리해보고자 한다.

사실 창조경제이론이 나오게 된 동기를 보면 창조 경제가 무엇인지 어렴풋이 개념이 잡힐 것이다. 그런데 창조경제 그 단어 자체를 언어적 개념에서 보면 쉽게 이해가 되지 않는 것이 당연할 일이다. 그 이유는 창조경제를 병렬복합어로 보아 창조와 경제가 동격으로 보이기 때문에 쉽게 이해되지 않는 것이다. 그러나 이를 도구와 목적적인 관계로 '창조를 기반으로 하는 경제'로 보면 이해하는 데 도움이 될 것이다.

즉 2001년 존 호킨스(John Howkins)가 창조경제를 처음 도입할 때 기존 경제, 즉 공장경제(factory economy)에 대응되는 생산, 산업경제에 대비해 이 개념이 나왔다고 보면 이해하는 데 도움이 될 것이다. 필자가 여러 번 지적한 바대로 경제의 패러다임이 변화해야한다는 필요에 의하여 새로운 경제 용어로 창조경제가 도입된 것으로 이해하면 될 것이다.

필자는 기회가 있을 때마다 식품산업에서 새로운 패러다임이 필요하다고 주장하였다. 식품산업을 기존의 제품개발이나 생산으로 보는 2차산업의 추격형 시각을 벗어나 문화와 전통(originality), 건강과 바이오지식 등의 융합, 통섭 등 창조적 가치 기반위에 선도형 다차산업으로 육성해야 한다고 역설한 바 있다.

이러한 가치를 기반으로 식품산업을 육성하는 것을 통틀어 경제적 용어로 창조경제로 이해하면 될 것 같다. 많은 사람이 또한 창조경제를 혁신경제와 같은 개념으로 혼돈하여 이해하고 있지만, 생산성 향상을 위하여 기술개발을 기반으로 한 혁신경제(innovation economy)와 창조경제는 다른 경제이다.

필자가 지난번 칼럼에서 언급한 바와 모든 산업이 서비스화되어 가기 때문에 이에 대응하여 제품, 생산, 기술 위주가 아닌 지식, 브랜드, 삶의 질 위주의 가치를 기반으로 한 패러다임으로 식품산업이 바뀌어야 하는 것이다. 이것이 식품산업의 창조경제이다.

아울러 박근혜정부에서는 생산경제의 한계로 고용창출이 없는 경제를 크게 인식하고 이를 극복하는 유일한 길이 창조 경제임을 인식하고 있는 것으로 보인다. 창조경제의 핵심은 생산성을 높이기 위하여 input을 줄이는 것보다는 output을 제품(product)으로 한하지 않고 outcome, impact로 대표되는 가치를 향상시키는 것으로 목표를 두는 것이다. 생산성을 높이기 위하여 집중하다보면 자동화, 기계화로 갈 수 밖에 없고, 결국 이러한 경제는 고용 없는 규모의 경제로 갈 수 밖에 없다.

따라서 창조경제의 핵심은 전통적 지식, 문화적 지식, 삶의 질, 즐거운 서비스, 관광의 꿈을 모두 융합, 협업하여 통섭적으로 아우를 수 있는 사람이 있는 산업이다. 그 창조경제의 핵심에 식품산업이 있는 것이다. 흔히 바이오의약산업이 창조경제에 제일 가까운 산업으로 쉽게 생각하지만 필자가 알기로는 신약산업에는 문화가 없으며, 먹는 즐거움이나 서비스도 없다. 창조경제로서 식품산업을 발전시키기 위하여 이러한 역사, 문화를 발굴하고 보존하며, 전통 발효 기술, 제조, 식품의 건강에 관한 것을 과학화, 지식화하고 이를 가치화하는 것이 우선적으로 필요하다. 이를 가치창조(value creation)라 하며 이 창조된 가치를 기반으로 경제활동을 하는 것이 창조경제이다.

독창적 가치 창조 없인 창조경제도 없다. 창조경제의 주창자의 한 사람인 하버드 대학의 경제학자인 마이클 포터(Michael Porter)가 최근(2011년)에는 공유가치 창출(CSV: creating shared value)이 우선되어야 함을 갈파한바 있다. 특히 진입장벽이 낮은 식품산업은 다른 산업에서는 IP(intellectual propery: 지식재산권)가 핵심가치가 될 수 없음을 정부기관 및 R&D 정책자가 알아야 할 것이다. 그래서 공유가치가 중요하다.

〈식품외식경제, 2013.04.06〉

식품, 산업을 바라보자

- 식품산업을 대변하는 국회의원을 내보내자 -

요즈음 한창 우리나라 민의(民意)를 대표하는 국회의원선거를 앞두고 각 당마다 공천이니 경선이니 많은 이야기가 오고 가고 있다. 모든 국민이 그들의 뜻을 대변하는 커다란 장이 있어 모두가 직접 참여할 수 있다면 간접적으로 국회의원을 뽑을 필요가 없었을 것이다. 그러나 현대사회는 다들 자기들의 일이 있고, 각자 바쁘기 때문에 직접 민의의 장에 참여할 수 없으므로 자기 지역, 자기 직업, 직능을 대표하는 국회의원을 뽑아서 자기를 대변하고 국가를 위해 일해 달라고 하는 것이 국회의원의 제도이고 임무일 것이다. 그리고 국민 각자는 자기의 일터의 현장에서 열심히 일하는 것이 또한 국가를 위해 일하는 것이라고 본다.

직업과 산업이 현재와 같이 분화되지 않은 옛날에는 국회의원은 각 지역을 대변하는 국회의원만을 뽑으면 그것으로 충분했다.

그러나 요즈음과 같이 직업이 분화되고 산업이 복잡해진 경우에는 그 직능을 대변하는 국회의원이 필요하게 되었다. 요즈음의 비례대표제도라고 할 수 있다.

그런데 우리나라 비례대표 제도는 직능을 대변하는 제도라기보다는 지역구 대표에서 공천을 받지 못하였던 사람들을 배려하는 차원에서 정해지는 즉 정당을 대변하는 국회의원이 된 것 같아서 유감스럽다. 그래서인지 비례대표 국회의원들의 직업을 보면 법조인, 정당인 등이 대부분인 것 같다.

특히 직능을 대표하는 측면에서 국회의원이라면 각 산업이나 분야의 직능을 대표하는 국회의원이 필요할진데, 현재에는 이러한 직능에 대한 대표성이 결여된 것 같다.

특히 식품 분야는 다른 산업에 비하여 산업적으로, 문화적으로, 또한 영양학적으로 그 영향이 큼에도 불구하고 그 중요성에 비해 식품산업을 대표하는 국회의원이 지금까지 없었다.

물론 식품의 영양적인 면을 대표하는 국회의원은 18대 국회, 또는 그 이전에도 있었으나 특별히 이번 19대 국회에는 식품산업을 대표하는 국회의원이 꼭 필요하다. 그 이유는 필자의 칼럼에서 누차 언급한 바와 같이 이제는 식품은 우리가 기아에 허덕일 때의 영양 공급 중심의 패러다임에서 벗어나 식품은 영양을 포함해 건강, 문화, 그리고 삶의 세계를 종합적으로 생각해야 하는 융합 다차산업으로 키워야 할 때이기 때문이다.

다 아시다시피, 우리나라 식품 산업은 식품생산 측면으로 보면 제조업 GDP 대비 10.69%(2010년)으로 10% 정도를 차지하고 있으며, 외식·유통을 포함하는 전체 식품 산업 규모는 250조원(2009년도) 이상으로 추정되며, 그 고용 연관성도 매우 높다.

더군다나 식품을 식량생산과 연관지으면 식량안보와도 직결되는 산업이라고 할 수 있다. 특히 요즈음은 식품 문화는 한류의 핵심요소는 자리 잡고 있어서 그 문화적인 가치는 매우 크다고 할 수 있다.

어느 경제학자는 드라마 '대장금'의 가치는 수조원에 이르고 아울러 비행기 기내식으로서의 비빔밥의 가치도 수조원에 가깝다고 이야기하고 있다. 이와 같이 식품의 경제적인 가치가 크고 타 산업에 비하여도 산업적인 규모가 큼에도 불구하고 이를 대변하는 진정한 국회의원이 지금까지 한명도 없었다는 게 정말 아쉽다. 식량은 전통적으로 생산해왔고 식품은 누구나 만들 수 있다고 생각하기 때문에 식품을 쉽게 생각하고, 산업적으로도 타산업(의약, 제약)에 비해 규모가 큼에도 불구하고 식품산업을 대변하는 국회의원의 필요성이 인식되지 못하는 것 같아 답답할 따름이다.

국민이 안전하게 충분한 영양을 공급받는 것으로 인식해 영양을 전공한 국회의원이 필요하다면 식품 전체를 아우를 수 있는 국회의원은 적어도 두 세 명은 필요하다고 본다. 만일 식품 산업을 대변하는 국회의원이 있어서, 현재 식품 산업이 지나친 규제 때문에 발전하지 못하고 있는 데에 대해 식품산업을 글로벌 경쟁력을 갖는 데 필요한 발전적인 진흥법이라도 만든다면 우리나라 식품은 세계 한류의 중심에 설 것이며, 우리나라 식품 산업은 세계 식문화 중심에 설 수 있는 기반을 갖출 것으로 생각된다.

이제 우리나라 식품 산업을 세계적인 글로벌 브랜드로 육성하여 세계 문화의 중심이 되고 세계의 가치 경제를 주도할 수 있는 산업으로 키우자.

속담에 '구슬이 서말이라도 꿰어야 보배'라는 말이 있듯이 우리나라가 갖고 있는 이러한 식품산업의 저력을 이제는 꿰어야 할 것이 아닌가? 누가 그 발판을 만들 것인가?

〈식품외식경제, 2012.03.20〉

식품산업의 서비스화

- 가치를 창출하여 서비스 하자 -

산업 발달과 함께 산업의 트렌드도 많이 바뀌고 있다. 기나긴 농경사회를 지나서 산업화시대를 지나고 기술시대, 더 나아가서는 지금은 정보화 시대에 들어가 있다고 한다.

2009년도 노키아가 한참 잘 나갈 때 노키아 사장인 Kautto Koivula는 앞으로 미래는 새로운 시대에 직면할 것이고 여기에서 산업화 사고(industrial logic)가 아닌 새로운 사고(new logic)와 가치를 찾지 않으면 새로운 시대(new era)에서 살아남지 못할 것이라고 예측하였다. 기술 개발시대를 지나서 핵심 키워드는 가치(values)이며 이를 어떻게 창출하느냐에 달려 있고, 더 나아가서는 이를 어떻게 서비스 하느냐에 미래가 달려 있고 그러한 시대가 올 것으로 예측하였다. 그의 예측이 아니더라도 현재 모든 산업이 서비스화 되어가는 추세이다. 여기서 흔히 산업의 서비스화와 서비스산업을 혼동하는 경우가 있는데, 서비스산업과 산업의 서비스화와는 분명히 다른 말이다.

식품산업에서도 아마 이들의 예언이 통할 것으로 본다. 아니 식품산업에서 더욱 적중할 것으로 본다. 흔히들 식품산업에서 서비스 산업하면 외식산업을 일컫는다. 그러한 연유로 식품산업에서의 서비스화하면 외식산업의 확대로만 해석할지 모른다. 물론 외식산업인 서비스산업을 확대하는 것이 식품산업의 서비스화에 크게 기여할 것이다. 그러나 여기서 외식산업의 확대만으로 식품산업의 서비스화 되는 아니니다.

정보화 시대에는 일반 소비자에게 전달하려는 것이 제품, 음식이나 식품과 같이 하드웨어적인 것은 꼭 아니다. 선진국일수록 소비자가 원하는 것은 삶과 직계되어 있는 지식(knowledge), 느낌기술(tangible technology, 감성기술), 가치(value)나 가치의 향상(brand)과 같은 소프트웨어적인 측면이 강하다. 그래서 모든 산업이 소비자의 요구도(삶의 질 향상)와 관련되어 있기 때문에 서비스화 될 수밖에 없는 것이다. 그러므로 소비자의 감성과 선택권의 확장과 선택에 필요한 정보를 제공하는 핵심이 되지 않을 수 없다. 이러한 연유로 모든 산업이 서비스화 되어가고 있는 추세라고 말하고 있다.

그러면 모든 산업이 서비스화 되어가고 있는 추세에서 식품산업을 어떻게 발전시킬 것인가? 물론 외식산업을 활성화시킬 뿐만 아니라 편의화하며 소비자가 식품을 값싸게 쉽게 살 수 있도록 유통구조를 개선하는 것도 중요하다. 이러한 기본적인 하드웨어의 개선 뿐만아니라 소비자가 원하는 소프트파워 즉 그 무언가를 제공하여야 소비자는 만족하고 그 제품을 선택할 것이다. 즉 식품산업의 서비스화는 최종 소비자에게 하드웨어적 식품을 전달하는 것은 물론 식품에 들어있는 가치를 소프트웨어적 파워 그 무엇을 전달하는 것이 식품산업에서의 서비스화의 의미이다.

이러한 세계적인 산업의 서비스화에 가장 먼저 우선되어야 할 것이 무엇일까? 미국의 하버드대학의 경제학교수인 마이클 포터 (Michael Porter) 하버드 비즈니스리뷰(2011년)에서 산업의 서비스화에 우선되어야 할 것이 공유가치창출(creating shared value, CSV) 이라고 간파하였다. 식품산업과 같이 전유성 (appropriability, 독점적지위권)이 낮은 산업분야에서는 특히 공유 가치 창출이 중요하다고 본다. 물론 개인 기업에게 공유가치 창출을 요구 할 수 없다. 개인 기업이나 사회적 기업은 이익가치 창출(creating profit value)이 더 중요하다는 것은 부인할 필요가 없다. 그러면 공유가치 창출의 기본은 어디에서 있는 것일까? 공유가치 창출의 기본은 지식의 발굴(finding of knowledge)에 있다고 본다.

우리나라 사람들이 잘 알지 못하고 넘어가고 있지만 사실 우리나라 식품은 세계 여러나라 식품에 비하여 여러 가지 측면에서 지식의 보고(fountain of knowledge)이다. 오랜 역사성에서, 문화적 우수성에서, 지리적 특성에서, 전통적 기술에서, 요즈음은 우리나라 식품의 건강 기능적 측면과 다양성 부분에서 지식의 보고인 데 우리가 가치의 중요성을 깨닫지 못하고 발굴하지 않은 데 안타까움이 있다. 오히려 몇십년 전까지만 해도 우리식품을 경시하는 풍조도 있었음을 부인하지 않을 수 없다.

앞으로 글로벌 경쟁시대, 서비스화 시대에, 정보화 시대에 소비자는 자기에게 맞는 가장 살아 있는 정보를 서비스 받고 싶어 한다. 때로는 감성적으로, 때로는 이성적으로 서비스 받고 싶어 한다. 이러한 변화에 대응하지 못하면 우리나라 식품 산업은 글로벌 경쟁력에서 살아남지 못할 것이다. 이러한 시대에 정부는 무엇을 할 것인가? 정부는 하드웨어 뿐만아니라 소프트파워 강화, 지식창조, 공유가치 창출에 강한 의지를 보여야 할 것이다. 정부가 먼저 크게 변하여야 한다.

〈식품외식경제, 2013.03.04〉

새정부의 식품산업 정책

- 식품산업을 융·복합 다차산업 측면에서 접근해야 한다 -

지난해 우리나라 새로운 대통령이 탄생하였다. 진심으로 새로운 대통령이 우리나라의 발전을 견인하고 국민을 행복하게 하는 성공한 대통령이 되기를 바란다. 그것이 대한민국 국민 모두가 진정 바라는 바이다. 본란에서 기회 있을 때마다 식품산업의 특성을 이야기하고, 앞으로 어떻게 대처해야 할 것인가 방향에 대하여 역설한 바 있다. 이번 새 정부에 식품산업을 어떻게 발전시켜야 할 것인지에 대하여 다시 제언하고 싶다.

첫째로 식품 산업이 이제는 더 이상 농산물 생산에서 좌우되는 산업이 아니다. 과거 우리가 영양이 문제가 될 때 기아를 벗어나기 위하여 농업 생산을 독려하고 식량이 부족할 때는 식품산업은 농업생산의 부속산업이 되었다. 따라서 어떻게 하면 농산물을 대량생산하고 손실 없이 안정되게, 그리고 안전하게 소비자의 식탁 (farm to table)까지 가게 하는 것이 핵심 산업분야였다. 그래서 수확 후 관리기술이라든지, 저장유통기술이 아직까지도 중요한 것이다. 그러나 우리나라도 언제부터인가 생산이 문제가 아니라 생산과잉 또는 소비자가 선택하지 않는 농산물의 생산은 그 농가에게는 재앙이 되고 말았다. 해마다 반복되는 농산물의 무슨 무슨 파동이 이를 대변한다. 일찍이 서양에서는 이를 간파하고 식품 산업이 농업을 이끌 산업(fork to farm)으로 인식하고 농업을 견인할 역바이오기술(reverse biotechnology)의 핵심산업으로 육성해왔다.

둘째로 우리나라 식품산업이 발전하려면 농산물 가공 위주의 2차 산업의 틀을 벗어야 한다. 근대화되면서 농업생산과 도시 생활이 분리 되면서 농산물의 저장유통, 더 나아가서는 농산물의 가공산업이 탄생하였다. 이러한 연유로 식품산업은 많은 사람들에게 가공산업으로만 인식되어 왔다. 그러나 최근에는 단순한 가공기술로 제품을 개발되어 시장에 나오는 경우 거의 살아남는 경우가 없고, 일시적으로 성공하면 공장짓고 시설투자한 경우 대부분 망하는 경우가 많다. 대표적으로 능금주스가 시장에서 살아남지 못하여 그 조합이 망한 사실은 시사하는 바가 크다. 이제 더 이상 시장이 원하지 않은 제품이나 소비자가 선택하지 않은 일방적인 가공제품 생산은 잘못하면 그 기업이 망하는 길로 간다.

셋째로 식품산업을 융·복합 다차산업으로 육성시켜야 한다.

선진국으로 진입하여 기본적인 영양문제를 해결하게 되면 모든 사람이 삶의 질을 찾고 삶의 여유를 느끼고 건강과 행복을 추구하려는 것이 본능적인 특성이다. 그래서 먹는 것 하나라도 건강과 스토리를 찾게 된다. 따라서 스토리텔링으로 문화, 지역적인 특성, 역사가 중요하다. 더군다나 식품이 건강에 미치는 과학적인 스토리는 소비자의 선택에 중요한 요소로 자리 잡은 지 오래다. 그래서 단순한 2차가공이 아니라 문화와 역사, 건강, 지리, 맛과 예술 등이 어우러진 융·복합 다차 산업으로 발전시켜야 할 이유가 여기 있다.

넷째로 식품산업은 이제 소비자, 마켓 지향형 서비스 산업이다. 경제가 발달할수록 모든 산업이 서비스화되고 있는 추세이다. 아직도 많은 사람이 식품산업이 가공, 제품 개발, 기술 개발에 좌우되는 산업이라고 생각한다. 적어도 개발시대에는 이 생각이 맞았었다. 그러나 지금과 같은 고령화, 선진, well being 시대에는 이러한 패러다임을 바꾸지 않으면 살아남을 수 없다. 즉 소비자 중심, 시장 중심 식품산업의 발전이 우선되어야 하지, 공급자 중심, 기술 중심, 제품 중심의 식품산업 발전 전략은 더 이상 통하지 않는다. 철저한 가치 중심의 서비스산업 전략이 동반할 때 우리나라 식품 산업이 세계시장에서 글로벌 제품으로 살아남을 수 있다. 원래 서비스산업의 원조가 식품 산업이라는 사실을 잊지 말았으면 한다.

다섯째로 식품산업은 더 이상의 하드파워로 승부하는 시대가 아니고 소프트 파워로 승부하는 산업이다. 흔히 바이오지식기반 산업이라 하면 신약신업이라고 많은 사람이 생각한다. 그러나 음식이 우리 몸에 들어가서 어떻게 작용하고 건강을 유지하는지에 대한 지식에 기반한 맞춤형식품 등이 진정한 바이오지식기반 산업이다. 이러한 바이오지식창출과 스토리텔링 등 가치창출에 의한 소프트파워 컨텐츠가 강화될 때 세계인들이 우리나라 식품에 대하여 높은 가치를 부여할 것이다. 그리고 글로벌 경제산업 발전으로 이어진다.

먼저 식품산업을 이해하고 거기에 맞는 정책을 펴줄 때 우리나라 식품산업이 k-food로 우뚝 서고 국민이 행복해지고 또한 새정부가 성공하리라 꼭 믿는다. 패러다임이 바뀌어야 산다.

〈식품외식경제, 2013.01.18〉

이제는 식품산업진흥협회가 필요하다

본 칼럼에서 오래전 언급한바와 같이 애초에 식품은 농경문화의 최종 종착지로 농업 또는 무슨 산업과는 거리가 먼 삶 그리고 생활 그 자체였다. 그래서 애당초 식품은 생산 가공과 같은 공업과는 거리가 멀었다.

그러나 우리나라가 산업화 되면서 음식을 가정에서 직접 조리해서 먹던 것에서 차츰 밖에서 조리된 음식을 사먹기 시작하였다. 이러한 측면에서 식품산업이 서비스 산업으로 인식되기 시작하였다. 이 때 우선적으로 해결해야 할 것은 식품 안전이었다. 무엇보다도 식품의 안전에 대해 대책을 세우고 국민을 보호하는 것이 국가의 아젠다(agenda)였다. 국가 기관인 식품의약품안전청에서는 식품으로부터 국민을 안전하게 보호하기 위하여 규제와 단속을 할 수 밖에 없었다. 식약청에서 식품안전에 대한 단속과 이에 대한 보도를 국민은 너무 많이 들어서 '식품 하면 곧 몸에 나쁜 것'이라는 인식이 뇌리에 박힐 정도였다. 식품은 약보다 몸에 해로운 것으로 잘못 알고 있는 국민도 상당히 많다. 약품은 몸에 약간의 부작용이 있어도 허가가 나지만 식품은 안전에 문제가 있으면 절대로 허가가 나지 않는다. 이러한 이유 때문에 약품은 안전에 문제가 있어도 신문에 나지 않지만 식품은 안전에 조그마한 문제가 있으면 큰 문제이기 때문에 신문에 대서특필된다. 결코 식품이 약보다 안전하지 않아서가 아닌데도 말이다.

그러던 중 우리나라가 개발화 시대에 접어들면서 농산물을 가공하여 식품을 제조함(2차 산업)으로서 팔면 돈을 버는 시대가 도래하였다. 이러한 형태를 바탕으로 돈을 버는 것이 식품산업이 나아가야 할 방향으로 생각하고 가공 생산에 집중하여 식품산업을 발전시켜왔다. 이 시대에 농업은 식량자급으로 소비자에게 농산물을 공급하는 것이 주 목표였지만 이를 약간씩 벗어나 식품가공에 필요한 원료를 공급하는 것도 하나의 농업의 목표가 되기 시작하였다. 이때부터 식품산업은 공업 즉 2차산업이 핵심으로 인식되었다. 이 시기에 '식품공업협회'가 식약청 산하기관으로 조직되었다. 식품공업협회는 회원들의 가공제품이 식약청의 규제와 안전에 대응할 수 있도록 도와주고, 보호해줄 수 있는 역할을 하고 있다. 가공 생산만 잘하면 식품산업이 발전하는 줄로 알았는데 어느 시점부터는 생산과 기술이 문제가 아니라 판매 제품을 만드는 것이 문제가 되었다. 전략없이 식품을 가공 생산하는 것은 그 기업이 망하는 지름길임을 여러 경우에서 보여지고 있다.

즉 어느덧 우리나라도 식품산업이 대량생산, 기술개발 단계의 수준을 훌쩍 지나와 어느 망망대해에 홀로 떠 있는 느낌이 든다. 다시 말하면 우리나라 식품산업 발전이 생산이 문제가 되는 식품공업시대는 지났고 현재는 안전식품은 기본이고 그 이외에 또 다른 무엇이 있어야 소비자 요구를 따라갈 수 있다. 거기에는 건강이라는 기능, 먹었을때 느끼고자 하는 문화, 역사, 우리 밥상이 갖고 있는 정, 밥상머리 교육, 지역과 과학 등 다양한 스토리가 필요하다. 물론 요즘과 같은 고령화시대와 웰빙시대에는 식품이 갖고 식품이 갖고 있는 몸에 좋은 기능성이 핵심적인 스토리가 될 수 있다. 따라서 현대에는 식품산업을 2차, 3차 산업을 넘어선 다차융합산업이라고 한다. 농림수산식품부는 다차융합산업인 식품산업을 2017년에는 200억원 수출, 200만명 고용할 수 있는 미래핵심산업으로 육성시키겠다는 '식품산업발전기본계획'도 발표하였다.

다 좋은 일이고 맞는 말이다. 그러나 이렇게 식품산업을 진흥시키려면 현재의 식약청 산하에 식품공업협회만으로 되지 않는다. 따라서 농식품부산하에 '식품산업진흥협회'가 조직된다면 우리나라 식품 발전에 새로운 전기가 될 것으로 판단된다. 규제(안전)와 진흥(기능)은 동전의 양면과 같다. 내가 판단할 때는 우리나라 식품에 대한 안전에 관한 기본은 되어 있다고 본다. 식품산업을 공업만이 아닌 문화, 지식, 서비스 등 다차융합산업으로 발전시키는 데 역할을 할 수 있는 '식품산업진흥협회'가 필요한 때이다. 필요하다면 식약청의 과도한 규제에도 조직적으로 대응할 수 있으면 식품산업 발전에 크게 기여할 것으로 생각된다. 이제는 식품공업이 아니라 식품을 산업으로 봐야 할 때이다.

〈식품외식경제, 2011.11.14〉

식품산업을 중소기업 업종 지정만으로 안된다

- M&A 환경조성으로 중소기업의 보호를

대기업에게는 세계화 기회를 -

최근에 국가동반성장위원회(위원장 정운찬)에서 식품산업에서 몇몇 업종을 중소기업 적합업종으로 분류하여 대기업이 진출하지 못하게 함으로서 중소기업을 보호하는 정책을 발표한 바 있다. 이의 문제점을 식품 산업의 특성 중 하나인 전유성이라는 측면에서 논하고 싶다. 식품 산업에 있어서 전유성(專有性, appropriability)이란 발명자가 시장에서 이익을 창출할 수 있도록 보호되는 환경 (the environmental factors that govern an innovator's ability to capture profits generated by an innovation), 즉 독점적 지위권을 확보할 수 있는 보호벽을 의미한다.

대부분 대기업 식품회사는 식품 산업에서 전유성이 낮다는 것, 즉 기술보호벽이 낮고 독점적 지위권 확보가 어렵다는 것을 인식하고 R&D에 투자하기보다는 시장의 흐름을 읽거나 소비자의 변화 요구에 민감하다. 반면에 중소기업, 영농조합, 벤처기업 심지어 식품을 연구하는 연구자들조차도 식품산업에서 전유성이 낮음을 인식하지 못하고, 독자적으로 제품을 개발하거나 특별한 기술을 개발하면 시장을 지배할 수 있을 것으로 착각한다. 또한 대부분 우리나라의 벤처기업들은 신약개발로 성공하기는 어렵다는 것을 이미 경험으로 알기 때문에 기능성 식품에 승부를 걸고 특정물질을 찾거나 기술을 개발하여 떼돈을 벌려고 한다.

그러나 중소기업이나 벤처기업이 특정 영역이나 기술을 확보하여 어렵게 시장을 창출하면 그때서야 대기업이 자본력을 앞세워 경쟁제품으로 시장에 뛰어 들어 중소기업이나 벤처기업의 제품을 죽이는 경우가 허다하게 많았다. 대부분 이러한 경우 특허가 보호해줄 수 있을 것으로 생각하고 있으나 단일물질로 되어 있는 제약 산업과는 달리 복합물질 복합기능으로 대표되는 식품산업은 전유성이 낮아 특허가 완벽하게 보호되지 못한다. 대기업은 생산과 기술은 경쟁에서 문제가 되는 것이 아니라고 판단하고 있다. 가격에서 경쟁이 안되면 OEM (주문자상표부착생산)을 활용하여 시장의 지배력을 확대하기도 한다. 이러한 구조에서 중소기업이나 벤처기업이 살아남기 어려운 것이 현실이다. 그렇기 때문에 식품 산업의 특성을 잘 알지 못하는 많은 사람들은 대기업의 기업윤리를 비판하기도 한다. 그러나 식품 연구는 공익적, 공유적 가치의 측면이 높은 연구인데 이런 연구를 이익을 추구하는 기업에게 투자하라고 주문하는 것은 무리일수 밖에 없다. 이러한 부분은 국가가 담당해야함은 물론이다.

국가는 이러한 식품 산업의 시장구조와 인식을 개선해 줄 필요가 있다. 물론 동반성장위원회가 중소기업의 주도업종 등을 분류하고 규제하여 중소기업을 보호해주는 방법이 있으나, 대기업이 업종진출을 근본적으로 하지 못하도록 규제하는 것은 종국에는 우리나라의 식품 산업이 글로벌 경쟁력을 상실하여 식품 산업의 쇠퇴를 가져올 것이 뻔하기 때문에 이는 바람직한 방법이 아니다.

그렇다면 어떻게 하면 식품 산업을 누가 세계적인 산업으로 키울 수 있을 것인가? 식품 산업의 발전, 글로벌 경쟁력의 확보 등 이 모든 것을 대기업에만 맡겨 두자는 것은 아니다. 업종을 규제하는 것보다는 기존 시장에 존재하는 제품에 대하여 대기업이 유사 제품을 출시하여 중소기업의 제품을 죽이는 구도를 막아야 한다. 이렇게 될 때 대기업은 중소기업이 기존시장에서 갖고 있는 가치를 인정하고 정당하게 기업을 인수합병(M&A)하여 세계적인 제품으로 발전시키라는 것이다.

선진국의 경우 식품산업에서도 M&A가 매우 활성화되어 있다. M&A는 서로가 사는 방법이다. 다만 M&A의 환경이 문제이다. 중소기업이나 벤처기업은 가치를 인정받고 새로운 사업에 대한 도전을 할 수 있어야 한다. 동반성장위원회는 식품 산업에서 중소기업의 업종을 지정함으로써 규제할 것이 아니라 법제화와 기업윤리의 확립으로 M&A를 활성화할 수 있는 환경을 유도함으로서 정당한 산업발전에 힘써야 할 것이다.

〈식품외식경제, 2011.08.12〉

김치의 세계화를 위한 연구역할

몇 년 전 우리나라에서 김치를 국제식품규격위원회 (CODEX)에 등재하려 할 때, 일본에서 김치(kimchi)가 아닌 기무치(kimuchi)로 하자고 들고 나와서 상당히 어려움을 겪은 적이 있다. 결국 김치로 등록이 되었지만 과학자로서 씁쓸하기 짝이 없다.

이번 기회에 우리 김치를 일본에 제일 많이 수출하는 회사 사장님과 우리나라 전통식품 산업 발전에 대하여 서로 이야기하던 과정 중에서 그 사장님이 나에게 한말이 매우 충격적이고 합리적이어서 그 후에도 뇌리에 계속 남아 이번에 소개하고자 한다.

일본에 김치시장은 일본 사람들에게 김치가 건강에 좋다는 것이 알려지기 시작하여 1990년대 후반부터 날로 커지기 시작하여 지금은 100억엔 규모(2009년도 기준)로 성장하였다고 한다. 그러나 문제는 일본시장에서 소위 기무치 시장이 7이고 김치 시장은 3정도로 대부분 발효를 시킨 김치가 아니라 발효시키지 않거나 열처리하여 발효를 중단시키고 가미한 기무치 시장이 주류를 이루고 있다고 한다. 재미있

는 사실은 이러한 일본인들도 주중에는 기무치를 먹다가도 주말에는 김치를 좋아하고, 아침에는 기무치, 저녁에는 김치를 좋아한다고 한다. 사실 이는 일본인들도 김치의 건강성에 대하여 알고 있어서 기본적으로 김치를 먹고 싶은 데 아직까지 김치 발효취에 익숙하지 않아서 나타나는 현상이라고 한다.

이러한 이야기를 하면서 일본에서 김치의 일본시장의 확대, 더 나아가서는 세계화를 위해서는 일본의 기무치시장을 김치로 대체하는 것이 효과적이며, 세계화의 첫 걸음이라고 설명하였다. 그러면 이 세계화의 첫 걸음을 위하여 두 가지 방법이 있을 수 있는데, 첫 번째는 냄새 안나는 김치를 만드는 것인데 이는 결국 발효를 아예 하지 않게 하거나 다른 물리적, 화학적 처리를 하는 방법으로 결국 일본 기무치를 만드는 것 밖에 안되어 오히려 일본 기무치 시장을 확대하는 결과를 초래하게 될 것이라고 선을 그었다. 그렇다면 두 번째의 방법으로 결국 우리나라 김치를 원형 그대로, 즉 발효 과정을 보존하면서 세계화 전략(globalization + localization)을 할 수 밖에 없는 데 어떻게 하여야 할 것인가? 우리나라 김치의 과학적인 우수성과 농경문화적 문화 등을 밝혀 서서히 일본인들의 인식을 바꾸어 김치 시장의 확대를 된다고 밖에 없다고 주장하였다. 맞는 말이라 생각한다. 물론 우수성에 대한 과학적인 연구와 함께 발효가 잘되어도 냄새 안 나는 김치를 개발하기 위하여 어떤 냄새가 발효과정 중에 발생하는 것인지, 무슨 미생물이 작용하는 것인지, 더 나아가서 어느 유전자가 어느 효소가 어떻게 작용하는 기작인지, 그러면 어떻게 제어할 것인지에 대한 근본 적인 연구를 병행하여야 할 것이라고 강조하였다.

그 기업은 이러한 연구 방향도 알고 있고 그럴 능력도 있다고 말하면서 1년에 100억씩 적어도 10년간만 투자하면 세계의 소비자가 원하는 김치의 SARS, SI 바이러스에 대한 면역강화 등 과학적인 우수성 자료를 충분히 밝혀낼 수 있을 것이며 동시에 냄새나는 과정에 대한 과학적인 기작만 밝혀내면 냄새 덜 나는 김치도 만들 수 있다고 자신하였다. 그래서 나는 그렇게 자신이 있으시다면 기업에서 하시지 왜 안하시나요? 하고 내가 물었더니, 그 사장님이 이야기하기를 "그것은 기업의 생리를 몰라서 하는 이야기입니다. 만일 저희 기업에서 그러한 연구하면 그 연구결과를 저희 기업에서 혼자 사용할 수 있습니까?"라고 이야기 하였다. 그리고 이러한 이야기를 수 없이 정부에다 하여도 무슨 말인지 알아듣지 못한다고 하였다. 이 이야기는 나에게는 너무 충격적이었다. 백번 맞는 말이다. 우리는 이것을 여태껏 깨닫지 못하였던 것이다.

기업은 근본적으로 이윤을 추구하기 때문에 독점적 가치만을 추구하는 것을 누구도 나무랄 수 없다. 식품 산업과 같이 진입장벽이 낮거나 보호 장벽도 낮은 분야에 공유적 가치 창출을 기업에서 하기를 바라면 안된다. 이러한 김치의 과학적 우수성, 발효 과정 등에 냄새나는 과학적인 이유 등 과학적인 공유적 가치는 정부가 나서서 창출하여 기업에게 제공하여 줄 때 기업은 이를 이용하여 독점적 가치로 활용하여 산업화하여 세계적인 브랜드로 키워나가야 할 것이다.

〈식품외식경제, 2011.06.10〉

국가식품클러스터 유감

- 들어올 기업 입장에서 생각하자 -

식품산업의 중요성은 더 이상 언급할 필요성이 없을 정도로 많은 사람들이 인식하고 있다. 정부도 이를 인지하고 우리나라 식품 산업을 좀 더 경쟁력 있는 산업으로 혁신적으로 발전시키고자 국가식품클러스터 사업을 시작하였다.

국가식품클러스터 사업은 국내외 식품 기업이나 기업 연구소를 유치하여 갈수록 다양성이 요구되는 글로벌 시장에서 경쟁력을 확보하고 협력할 수 있게 지원해주는 역할을 하도록 만든 사업이다. 국가식품클러스터의 대표적인 롤모델은 네덜란드의 바게닝겐(Wageningen)을 중심으로 하는 푸드밸리(Food Valley)이다. 네덜란드의 푸드밸리에는 바게닝겐 대학과 공공연구소도 있고, 기업과 기업 연구소도 있다. 이들이 서로 협력하여 기업의 어려움을 해결해주고 기업에 필요한 기술을 개발하며, 식품 안전에도 공동 대처하고 있으며 식품관련 정보와 기술을 공유할 수 있는 시스템이 갖추어져 있다. 엄밀히 말하면 이 푸드밸리는 우리나라가 추진하려는 국가식품클러스터와는 달리 어느 정도 자생적으로 만들어졌다고 볼 수 있다.

혹자는 국가식품클러스터가 몇 조원의 경제 효과와 고용효과를 유발할 것으로 분석자료를 내놓고 있어서 많은 식품기업이나 국민들은 그에 따른 높은 기대를 하고 있다. 그렇기 때문에 국가식품클러스터의 성공여부는 매우 중요하며 국가적으로 볼 때 필히 성공해야할 사업이다. 본인도 국가식품클러스터가 성공하기를 기원하며 작은 도움이지만 기회가 있을 때마다 아낌없이 노력해 왔다. 그렇지만 오랫동안 식품전문가로 종사하고 국가식품클러스터의 성공을 간절히 바라는 마음을 갖고 있는 나로서는 안타까운 면이 있어서 몇 가지 지적해두고자 한다.

첫 번째로 국가식품클러스터는 기업유치를 주목적으로 하는 산업단지가 아니다. 많은 사람들이 국가식품클러스터가 산업단지인 줄 알고 부지를 왜 좀 더 파격적으로 주지 않느냐고 의문을 제기하는 사람들이 있다. 부지를 싸게 하고 기반시설을 갖추는 산업단지라면 굳이 국가에서 할 일이 아니다. 지자체에서 할 일이고 이보다 싸게 공급해줄 지자체는 얼마든지 더 있다. 아직도 땅주고 길 내주면 기업이 들어 올 것이라고 생각한다면 국가식품클러스터 사업은 실패할 수밖에 없다. 이와같은 하드웨어적인 사고로는 국가식품클러스터는 성공할 수 없는 데도 아직도 정책입안자까지 이러한 유혹에서 벗어나지 못하고 있는 것 같아 안타까울 뿐이다. 국가식품클러스터의 목표는 결코 생산공장만이 들어

오는 산업단지가 아니고 대학, 연구기관, 기업연구소, 기업이 국가식품클러스터에 들어와서 문제해결과 지속성장할 수 있는 가치를 창출하고 글로벌 브랜드를 창출하는 푸드밸리가 되어야 한다.

두 번째로 국가식품클러스터가 성공하기 위해서는 기업의 문제점을 먼저 파악해주고 이를 해결해주는 시스템이 갖추어져야 하는 데 여기에 대한 마인드가 부족한 것 같다. 네덜란드의 푸드밸리는 이러한 시스템을 자생적으로 구축해 놓았기 때문에, 기업들이 스스로 찾아오고, 또한 찾아오면 문제가 해결된다는 것을 알기 때문에 기업연구소나 연구소 브랜치를 설립하여 운영하고 있다. 안타깝게도 산업단지가 아니라고 인식하다 보니 차별화 전략으로 기능성평가지원센터, 안전성센터, 포장센터 등 연구소를 세우는 데에 집착하는 모습을 볼 수 있다. 그렇지만 국가식품클러스터가 연구소만 세우면 성공하는 것으로 평가하는 논리라면 이미 한국식품연구원이 그 지역에 들어가게 되었으니 이미 성공했다고 말할 수 있다. 결국 국가 예산의 효율적인 측면에서 보면 역설적으로 한국식품연구원 같은 종합연구기관이 그 지역에 들어가니 이러한 연구소 건립은 더욱 중요하지 않다는 논리에 몰리게 된다. 국가식품클러스터에서 연구소와 대학은 성공의 필요조건이지 충분조건은 아니다. 오히려 전국적인 인력을 집약적으로 결집시키고 이를 연결해주는 파이프라인 구축과 효율적인 운영

시스템을 갖추는 것이 중요하다. 이러한 상황에서 '세계적인 연구소를 짓겠다'는 등의 발언이 동력을 받아 움직인다면 정말 안타까운 일이 발생할 수 있어서 심히 우려된다. 요즈음은 세계적인 연구소를 짓는 것은 누구나 할 수 있다. 어떻게 운영하느냐가 더 중요하다. 연구소 건립이 목표가 되어서는 국가식품클러스터가 결코 성공할 수 없다.

세 번째로 기업의 입장에서 보아야 한다. 1980년대에 기업들이 연구소만 많이 세우면 성공할 것으로 생각해서 많은 연구소를 설립했다가 문 닫았던 이유를 곰곰 되새길 필요가 있다. 기업 식품 연구소는 식품산업이 요구하는 다양한 분야가 필요한데 어느 한 분야만 연구할 수 없다. 그렇다고 다양한 분야를 기업에서 혼자 연구하기에는 너무나 비용이 많이 든다. 식품 산업의 특성상 그럴 필요도 없다. 만일 국가식품클러스터에서 연구소 건립에 중점을 두면 기업에서 범했던 똑같은 우를 범할 수 있다. 기업에서 볼 때 자기들이 이미 실패했다고 판단한 전철을 똑같이 걷고 있는 국가식품클러스터에 과연 무엇을 믿고 입주할 것인가? 기업은 자기가 필요한 분야가 어느 분야일지 모르지만 기업의 니즈를 총체적으로 분석하여 해결해 줄 수 있는 국가식품클러스터를 원한다. 국가식품클러스터에서 이를 해결해준다는 믿음이 있을 때 기업 연구소 유치를 결정한다. 국가식품클러스터는 우리나라의 다른 인력과 시설을 활용하여 운용하기만 하면 된다. 직접 연구할 필요는 없으며 또한 그렇게 할 수도 없다.

기업의 입장에서는 국가식품클러스터에 입주해서 실질적인 이득이 없다고 판단할 때는 결코 들어오지 않는다. 우리나라에는 국가클러스터에서 필요한 다양한 인력과 시설이 각지에 흩어져 있지만 충분하고 매우 우수하다. 국가식품클러스터가 아무리 인력을 확보해도 우리나라 기존의 구축된 연구인력보다 다양한 인력을 갖출 수는 없다. 그래서 연구소 건립과 시설확보에 많은 노력을 경주할 필요가 없다. 이러한 다양하고 우수한 인력을 결집시키고 시설을 활용할 수 있는 소프트파워가 있는 시스템을 갖는 것이 더 중요하다.

땅 파고 길 내고 건물 짓는 것은 누구나 할 수 있다. 그러나 그것만으로 성공할 시기는 지났다. 소비자 입장을 생각하여 추진할 때만 우리가 바라는 간절한 소망 즉 국가식품클러스터의 성공이 이루어질 것으로 본다.

부록

식품산업 어떻게 발전 시킬 것인가?

▣ 배경 및 현황

■ 식품산업은 앞으로 국민복지, 고령화 사회, 선진국형 저성장시대에서 삶의 질 개선 차원에서 복합 다차 산업으로서 성장 동력 산업임

- 질병 치료의 영역은 국가영역으로 복지부 영역이나 식품에 의한 질환 예방은 개인의 영역임. 치료비는 보험의 영역으로 국가에서 부담이나 식품은 국가가 책임지지 않은 개인 영역 임따라서 식품에 의한 질환 예방은 국가 재정의 건정성에 크게 기여함

■ 식품산업은 인류가 존재하는 한 인류의 삶과 반드시 같이 가야할 산업으로 매우 친밀하고 익숙한 산업으로 중요함

- 기존의 식품 산업 정책은 기아극복, 영양섭취, 생산, 농어민 소득 증대에 초점이 맞추어져 있으나 앞으로는 국가 경제 시스템에 기인한 국민의 삶의 질 향상, 안전한 식품 공급, 건강한 식품 섭취, 식품산업의 세계적 경쟁성 등에 초점이 맞추어져 할 것임

■ 바이오기술의 발달과 경제성장에 따라 식품산업은 소비자 중심의 문화, 건강 등의 지식기반 산업으로 발전하며 앞으로 가치 중심 산업으로 발전할 주요산업임

- 농업, 가공, 서비스, 문화, 바이지식(건강) 등 융합다차 산업으로 발전시켜야 하는 산업임

■ 식품산업은 다른 산업과 연관성이 많고 대표적인 고용동반 산업이며, 생활밀접형, 환경 친화형 산업임

■ 모든 산업이 정보화되고 서비스화되고 있는 추세임. 특히 식품산업이 서비스화의 핵심산업이므로 이러한 변화에 대한 대비가 필요함

▣ 문제점

■ 식품산업이 농업을 이끌어가는 구조가 세계적 추세인데도 현재 정부의 정책은 농업의 한가지로 식품 산업을 보고 있음

■ 농식품부의 이름만 식품이 붙어 있지 생산자 위주의 정책으로 소비자의 외면을 받고 있음. 농식품정책의 최종 소비자는 국민임에도 불구하고 최종 소비자를 농민으로 국한하여 생각함

- 식품산업은 생산, 유통, 소비, 즐거움, 건강 문화, 국가활력 등 시스템학적으로 접근해야 함에도 불구하고 생산 유통에 머물러 있음
- 이러한 것을 통합적으로 조정할 수 있는 정책이 필요하나 이러한 정책개발이 늦어 식품안전만 다루는 식약청에 끌려다님. 식품산업 진흥정책을 제대로 펴지 못함
- 세계인들은 이미 우리나라 식품의 건강성, 문화적 우수성 등에 관심이 많으나 이들의 욕구에 충분히 대응할 수 있는 컨텐츠가 없어서 세계화의 흐름을 탈 수 없음
- 식품산업은 앞서 언급한 바대로 융합다차 산업으로 성장시켜야 함에도 불구하고 지나치게 제품개발과 기술 개발에 치중한 나머지 이를 종합적으로 어우를 수 있는 통섭적 의지가 부족함
- 이와 같은 세계적인 추세에도 농식품부의 연구개발은 고부가가치 식품 산업 등 전근대적인 공급자 중심 제품개발, 기술 개발에 치우쳐 국민과 세계인이 요구하는 소비자 중심, 지식, 가치, 컨텐츠 창출에 대하여는 거의 연구되지 않아 소비자로부터 외면 받고 있음

  - 2000년대 이후 연구 R&D는 크게 기술개발 R&D와 서비스 R&D로 대별하는 데 농식품은 아직도 기술개발 R&D에

도 미치는 못하는 제품개발 R&D 수준을 벗어나지 못하고 있음. 제품개발 R&D는 결과공유가 안됨

- 제품이나 시제품으로 마케팅하는 시대는 지났음. 요새는 마케팅 포트폴리오가 가장 중요한데 아직까지도 제품개발이 주 bottleneck인 줄로 알고 있음

▣ 발전방향

- 국가적 식품시스템 (National Food System) 구축 : 소비자가 원료 생산, 유통, 가공, 소비, 안전, 건강, 안전, 스토리 등을 총괄하고 지식과 가치 제공
- 식품산업이 농업 견인(Fork to Farm) : 농업 위주 생산 정책을 벗어나 소비자 위주 정책을 추진하려면 기존의 생산만 하면 된다는 사고를 벗어나 식탁에서 농업(fork to farm) 정책으로 전환해야 함. 요즈음은 소비자의 선택을 받지 않은 제품을 생산하는 기업은 무조건 망함
- 통섭(Consilience)에 의한 식품산업 활성화 : 식품산업을 농업과 단순한 가공산업 위주의 산업에서 벗어나 삶과 문화, 안전과 건강, 스토리를 포함하는 산업으로 발전시키기 위한 통섭적 접근이 필요함. 융합(convergence)적 개념을

넘어선 관계를 중시하는 통섭적 개념임

- 융합다차 산업 : 식품산업을 글로벌 1등 산업으로 육성하기 위하여 기존의 농업, 가공, 서비스, 의료, 레저, 생활체육, 휴양, 문화, 건강을 융합하고 통섭적인 다차 산업으로 육성
- 글로칼리제이션 (Glocalization) : 농업은 세계화 개념을 도입하기 어려운 점이 있지만 식품산업의 활성화는 세계화임. 세계화의 핵심은 글로칼리제이션임, 즉 로칼리제이션(localization)없는 글로벌화는 의미 없음. 첫째로 가장 한국적인 것을 살리지 않으면 세계화할 수 없고 둘째로 현지의 해당 문화와 과학을 적응하지 않으면 안됨
- 가치 중심의 식품산업 : 미래 식품산업은 물건, 제품, 기술보다도 안전, 건강, 스토리, 우수성 등 가치 우수성에 따라 성공가능성이 매우 달라짐. 우리나라 식품은 이런 가치면에서 세계적 우수 식품으로 성공 가능성이 매우 높음. 가치사슬속에 있는 가치창출이 매우 중요함
- 정보시대의 핵심 산업 : 식품의 국가체인시스템적 이력, 제품의 정보, 역사적 인식, 스토리(역사적, 지리적) 제공, 건강정보, 문화정보 등을 통합하여 소비자들이 쉽게 알 수 있는 정보 제공. QR code 등에 실시간 정보 제공할 수 있음
- 미래 식품 산업은 바이오지식기반 다차 융합산업으로 발전

시켜야 함

▣ 실천방안

- 농림식품부의 개편 : 농식품부를 소비자 위주의 니즈에 맞게 개편하여 식품 산업 부분을 주가 되게 함
- 식약청의 식품관련 업무 이관 : 권위적 성장시대의 산물인 과도한 식약청의 안전 관련 규제 업무를 농식품부로 이관, 농식품부에서 통섭적으로 관리하여 지나친 규제 때문에 산업이 진흥되지 못한 것을 방지함
- 범부처 식품기능 통섭운영: 식품은 근본적으로 다차 산업이므로 문화부의 식문화 업무, 국토부의 지리적 우수성, 지경부의 산업관련 업무, 우리나라 식품의 우수성 및 문화 교육 등 교육부와 기타 특허청, 정보 부처 등의 업무를 총괄적으로 조정할 수 있는 농식품부 위주의 범부처 상설기구 운영
- 식품산업을 전체 시스템산업으로 육성하고 소비자에게 정보를 제공할 국가식품시스템 구축
- 우리 식품의 글로칼리제이션(glocalization) 프로젝트 운영 : 우리나라 식품의 가치 발굴, 가치창출, 현지화 전략 등

추진. 역사적, 문화적, 지리적 우수성이 과학적 근거에 기초한 전략 추진

■ 국가 농식품부 R&D 시스템 개편 : 제품개발, 기술개발 R&D를 공익적 가치 중심의 서비스 R&D 체제로 개편. 고부가가치화 식품 산업 폐지, 공익적 가치 창출, 컨텐츠 창출, 지식 창출 등 지식기반 체제로 전환

- 농식품업은 공공성과 기존 산업(제품)을 기반으로 하는 R&D로 다른 산업과 분명히 다름에도 불구하고 현 체제는 지경부 체제를 모델로 하여 지나치게 산업화, 신규 제품화하는 등 농식품부에서 흔치 않은 기술이전, 특허 등이 중심이 되어 있음

■ 식문화 컨텐츠 발굴 사업 추진 : 우리나라 식품에 관련하여 너무나 잘못 알려진 것들이 많음. 비과학적인 사실은 결국 우리나라 식품산업 잘전에 저해가 됨. 특히 식문화에 대한 잘못된 정보가 많음. KBS 등과 우리나라 식문화를 과학적으로 조명하여 글로벌 컨텐츠로 활용

■ 청소년식품관리부서 신설 : 갈수록 핵가족화 시대가 됨에 따라 어린이 청소년의 식품의 안전적 공급, 올바른 식생활, 어린이 비만 방지, 영양섭취의 불균형 방지, 유해식품 섭취 방지 올바른 식문화 교육 등 청소년 전담 식품관리 부서 농

식품내 신설

■ 식약청의 기능성식품 허가 기준에서 준건강인 예방 등에 제한적으로 되어 있는 것을 현실에 맞게 병의 치료보완, 치유 등도 포함시켜야 함

■ 전국 지자체의 식품연구소를 한국식품연구원에 부설로 운영되도록 하여 지자체 연구소의 활성화가 필요함. 지리직 표시제 등 브랜드전략에 부응할 수 있도록 농식품부가 주도

초판 1쇄 인쇄일 2013년 07월 02일
초판 1쇄 발행일 2013년 07월 05일

지은이 권대영
펴낸이 김양수
편집디자인 이정은

펴낸곳 도서출판 맑은샘
출판등록 제2012-000035
주소 경기도 고양시 일산동구 마두동 827-5번지 1층
대표전화 031.906.5006 **팩스** 031.906.5079
이메일 okbook1234@naver.com
홈페이지 www.booksam.co.kr

ISBN 978-89-98374-20-4 (03320)

「이 도서의 국립중앙도서관 출판시도서목록(CIP)은 서지정보유통지원 시스템 홈페이지(http://seoji.nl.go.kr)와 국가자료공동목록시스템(http://www.nl.go.kr/kolisnet)에서 이용하실 수 있습니다.(CIP 제어번호: CIP2013010403)」